Krämer/Walter

Konzentration und Gedächtnis

Ein Trainingsprogramm

Sabine Krämer
Klaus-Dieter Walter

Konzentration und Gedächtnis

Ein Trainingsprogramm für 20 mal 30 Minuten

2., aktualisierte Auflage

Lexika Verlag

CIP-Titelaufnahme der Deutschen Bibliothek

Krämer, Sabine:
Konzentration und Gedächtnis: ein Trainingsprogramm für 30 mal 20 Minuten/ Sabine Krämer; Klaus-Dieter Walter. – 2., aktualisierte Aufl. – München: Lexika-Verl., 1996
ISBN 3-89293-187-9
NE: Walter, Klaus-Dieter

Umschlag: Hans Limo Lechner
Umbruch, Gestaltung: José d'Almeida, München
Druck: WB Druck, Rieden
Printed in Germany
ISBN 3-89293-187-9

Inhalt

Einleitung

Häufig hört man Menschen über ihr schlechtes Gedächtnis klagen; gerade jüngere Berufstätige fürchten, daß zunehmendes Alter unabdingbar mit einer Verschlechterung der Gedächtnisleistungen verbunden ist. Dabei konnte bislang nicht bewiesen werden, daß das biologische Altern für einen Abbau von Gedächtnisleistungen verantwortlich gemacht werden kann. Gegen die These eines natürlichen Abbaus von Gedächtnisleistungen sprechen auch die vielen Persönlichkeiten, die noch in hohem Alter geistige Leistungen vollbracht haben. Den meisten Menschen fehlt eher die Kenntnis darüber, wie das Gedächtnis effektiv eingesetzt werden kann.

Oft wird auch übersehen, daß die ständig zunehmenden Reize und Informationen, mit denen der moderne Mensch konfrontiert ist, unsere Fähigkeit zur Konzentration stören und unser Gedächtnis überfrachten. So ist denn nicht das Gedächtnis schlecht, sondern allenfalls die Methode, wie man es einsetzt. Niemand würde auf die Idee kommen, einen untrainierten Körper als »schlecht« zu bezeichnen; Bei unserem Gedächtnis legen wir offensichtlich andere Maßstäbe an: wir können es aber genau wie unseren Körper mit Hilfe bestimmter Strategien trainieren und effektiver einsetzen.

Dieses Buch zeigt den Zusammenhang zwischen Motivation, Konzentration und Gedächtnis auf und informiert über die grundlegende Funktionsweise des Gedächtnisses und die daraus abgeleiteten Merkstrategien. Ein differenziertes Trainingsprogramm hilft, in 30 Tagen das Gedächtnis - Grundlage des Lernens, geistiger Arbeit und kreativen Denkens - bereits deutlich zu verbessern.
Durch die kleinen Schritte je Tag wollen die Autoren zur Weiterarbeit motivieren. Am Ende des 30-Tage-Trainings von Konzentration und Gedächtnis wird für jeden erfahrbar sein:

> *Ein schlechtes Gedächtnis gibt es nicht,*
> *es gibt nur ein untrainiertes!*

Motivation

Um gute Gedächtnisleistungen erreichen zu können, bedarf es der *Motivation*, der Fähigkeit zur *Konzentration* und der systematischen Anwendung von *Gedächtnisstrategien*.
Informationen prägen wir uns dann am besten ein, wenn diese drei Voraussetzungen gleichermaßen vorhanden sind.

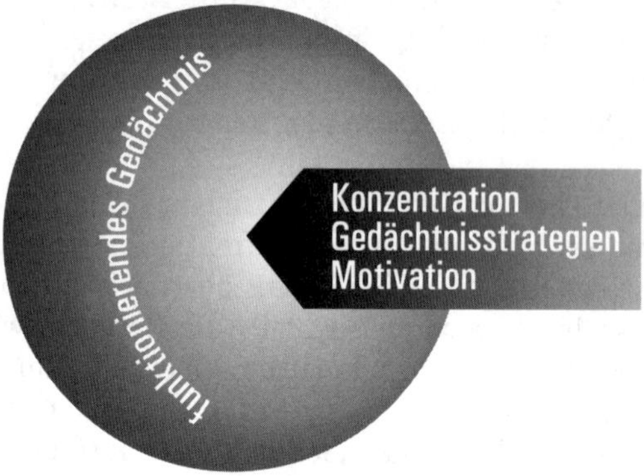

Abb. 1

Das Interesse an einem Gebiet, die Selbstverwirklichung, die man durch die Arbeit an einem interessanten Thema finden kann, ist die stärkste Motivation und treibt Menschen zu kreativen Höchstleistungen.
Diese Motivation von *innen* her ist oft auch auf ganz anderen Gebieten die Grundlage für erstaunliche Gedächtnisleistungen: Der Fußballfan, der sich über Jahre hinweg die Ergebnisse und Aufstellungen »seiner« Mannschaft merken kann, hat nicht ein überdurchschnittliches Gedächtnis, sondern ist überdurchschnittlich motiviert. – Wir behalten die Namen von Menschen besser, die für uns wichtig sind – sei es in angenehmer oder unangenehmer Hinsicht.

Leider müssen sich die meisten Menschen auch Informationen einprägen, die sie eigentlich kaum oder gar nicht interessieren. Wenn nur die Aufgaben erledigt würden, die von einer hohen inneren Motivation getragen werden, bliebe sicher die meiste Arbeit liegen. *Äußere Motivationen* müssen hier ausgleichend wirken. Das können *negative* Anreize sein, wie etwa die Angst vor dem Verlust des Arbeitsplatzes, oder *positive* Anreize. So haben z.B. Betriebe

ausgeklügelte Anreizsysteme entworfen, die ihre Mitarbeiter zur Leistung motivieren sollen.
Wenn man Informationen, die einen nicht interessieren, behalten muß, so ist es sinnvoll, Strategien zur Selbstmotivation zu nutzen.
Das könnten z.B. sein:
Die Aufteilung der Informations-, Arbeits- oder Lernmenge in kleine Abschnitte.
So kann sich ein Teilerfolg schnell einstellen und zur Weiterarbeit motivieren, denn die erste Hürde ist immer die schwierigste. Hat man sie überwunden, so findet man oft sogar Spaß an der Arbeit, weil es nun leichter geht. Wichtig ist, daß die Hürde nicht zu niedrig hängt, sonst buchen sie das Endergebnis nicht als Erfolg. Die Hürde darf aber auch nicht zu hoch sein, sonst schaffen Sie sie unter Umständen nicht und werden entmutigt.
Machen Sie sich klar, was Sie profitieren werden, wenn Sie ihr Gesamtziel erreicht haben. Denken Sie an ähnliche Anstrengungen, die Sie unternommen und erfolgreich durchgeführt haben.
Suchen Sie sich Partner, mit denen Sie über ihre Arbeit reden oder mit denen Sie zusammen arbeiten können. Das gilt besonders für den Bildungs- und Weiterbildungsbereich. Im Team lernt es sich meist leichter, da man nicht so leicht in Sackgassen gerät. Einer weiß immer Bescheid.

- Suchen Sie nach synergetischen Effekten. Jedes Hinausschauen über den Tellerrand bringt neue Erkenntnisse. Diese können oft weiterhelfen, neue und unkonventionelle Wege zu gehen.
- Bauen Sie keine Abwehrhaltung durch negative Gedanken auf.
- Denken Sie lieber daran, was Ihnen der erfolgreiche Abschluß der Arbeit an Positivem beschert.
- Belohnen sie sich selbst, wenn Sie ihre „ungeliebte" Arbeit getan haben. Das kann ein Telefonanruf bei der Freundin sein oder die geliebte Tasse Kaffee.

Oft flüchten wir uns in Ausreden, um ungeliebte Arbeit nicht angehen zu müssen. So fällt uns dann meist ein, daß der Abfall unbedingt nach unten gebracht werden muß, oder die Fenster geputzt werden müssen, obwohl man weder das eine noch das andere gern tut. Im Moment aber fallen diese Arbeiten leichter als sich an trockenen Lern- oder Arbeitsstoff zu setzen. Wichtig ist, dieses Vermeidungsverhalten zu erkennen und es in ein Belohnungssystem einzubauen. Das könnte dann so aussehen, daß sie sich, falls sie ein Buch durchzuarbeiten haben, nach 20 Seiten „gestatten", den Abfall nach unten zu bringen. Für Menschen, die viel zu Hause arbeiten wie Freiberufler, Studenten oder Umschüler, gibt es eine Fülle solcher Ausreden, um sich von der eigentlichen Arbeit abzuhalten. Aber auch wenn Sie in einem Betrieb arbeiten, kennen Sie dieses Weg- und Hinausschieben unangenehmer Arbeiten. Wichtig ist zu erkennen und zu akzeptieren, daß man eigentlich eine bestimmte Arbeit nicht tun will und dann Strategien zur Selbstmotivation zu entwickeln.

Konzentration

Die Fähigkeit sich zu konzentrieren ist eine der wichtigsten Voraussetzungen für ein gut funktionierendes Gedächtnis. Viele Menschen glauben, ihr Gedächtnis arbeite nicht richtig oder hätte nachgelassen. Geht man den Ursachen nach, stellt sich häufig heraus, daß nicht ihr Gedächtnis an sich unzulänglich arbeitet, sondern ihnen die Fähigkeit fehlt, sich zu konzentrieren.
Unter Konzentration verstehen wir die Fähigkeit, eine klar beschriebene Aufgabe über einen definierten Zeitraum sorgfältig und zügig auszuführen. Konzentrieren müssen wir uns, wenn wir Informationen aufnehmen, verarbeiten und diese wiedergeben wollen. Wer beispielsweise beim Einprägen von Vokabeln, in einer Vorstellungsrunde, beim Besuch eines wissenschaftlichen Vortrags nicht genau und sorgfältig wahrnimmt, wird die ihm übermittelten Informationen nicht richtig speichern und verarbeiten. So stehen ihm später beim Aufrufen nur unvollständige Informationen zur Verfügung. Ähnlich ergeht es denjenigen, die nicht »voll bei der Sache« sind, etwa weil sie durch äußere Einflüsse abgelenkt werden. Der Prozeß des Aufnehmens und Aufrufens von Informationen wird gestört und unser Gedächtnis bringt nicht die erwünschte Leistung.

Die Symptome und die Ursachen von Konzentrationsstörungen sind vielfältig und von Mensch zu Mensch verschieden. Meist hat ein Konzentrationsproblem auch nicht nur eine, sondern mehrere Ursachen. Um eigenen Konzentrationsstörungen wirksam entgegentreten zu können, ist eine gründliche Selbstanalyse erforderlich: wichtig ist zu wissen, bei welcher Gelegenheit sich Konzentrationsschwierigkeiten äußern; Zeiten herauszufinden, zu denen sich die Schwierigkeiten häufen; wer oder was für die Störungen verantwortlich ist und sich schließlich Gedanken über Gegenmaßnahmen zu machen.

Störungen der Konzentration

Körperliches Unwohlsein – sei es eine akute oder chronische Krankheit oder nur eine augenblickliche Müdigkeit – wirkt sich störend auf die Konzentration aus. Zwar können wir mit hohem Energieaufwand gegensteuern und durchaus geistige und körperliche Leistungen erbringen, die einem Außenstehenden verbergen, daß wir »angeschlagen« sind, aber auf Dauer kann dieser hohe Energieaufwand nicht durchgehalten werden. Irgendwann fordert unser Körper seinen Tribut. Ständiger Schlafmangel, übermäßiger Konsum von Drogen und Genußmitteln, eine unausgewogene Ernährung beeinträchtigen unsere physische Leistungsbereitschaft. Eine ehrliche Analyse unserer Lebensweise wird hier relativ schnell Schwachpunkte aufdecken, die beseitigt werden müssen.

Zu berücksichtigen ist aber auch die Veränderung der persönlichen *Leistungskurve* während eines Arbeitstages, die die Konzentration beeinflußt. Die Darstellung der Leistungskurve beruht auf Durchschnittswerten, gibt also nur den allgemeinen Rahmen an, so daß die Werte des einzelnen Menschen davon abweichenkönnen. Tatsache ist, daß der Verlauf dieser Kurve

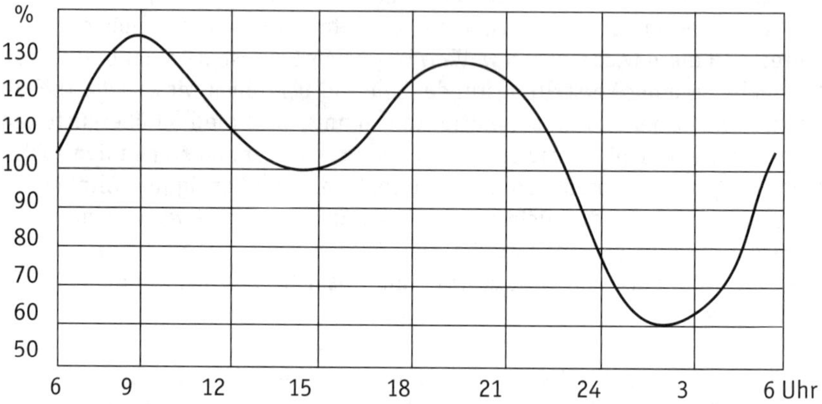

Abb. 2 Leistungskurve

bei allen Menschen ähnlich ist, nur die Ausprägung der Höhen und Tiefen und die zeitliche Zuordnung ist individuell verschieden. Außerdem ist eine der Voraussetzungen für die Gültigkeit der Kurve eine geregelte Lebensführung. Ein ausgeprägtes Nachtleben wird daher kaum einen Leistungshöhepunkt um 8.00 Uhr morgens zulassen. Zu beachten ist ferner, daß aus dieser Leistungskurve nicht auf die tatsächliche Leistung einer Person zu einem bestimmten Zeitpunkt eines Tages geschlossen werden kann. Auch nachts können hohe Leistungen erbracht werden, dies erfordert aber erhöhte Kraftanstrengungen. Auf Dauer gehen diese Kraftanstrengungen auf Kosten der Gesundheit, wie das Beispiel vieler Nachtschichtarbeiter zeigt.

Ziel einer *Selbstanalyse* sollte sein, Anhaltspunkte für die persönliche Leistungskurve zu bekommen. Dazu gehört auch, alle Bedingungsfaktoren zu erkennen, die die eigene Leistungsfähigkeit beeinflussen. Einer dieser

Bedingungsfaktoren ist der *Schlaf*, denn ohne ausreichenden Schlaf – wieviel Schlaf der einzelne braucht, ist verschieden – fällt die geistige Konzentration schwer. Wissenschaftler, die sich mit dem menschlichen Schlaf beschäftigt haben, geben eine Zeitspanne von sechs bis acht Stunden als ausreichend an. Sicher ist, daß ständiger Schlafmangel Körper und Geist schädigt.
Weithin bekannt ist der Spruch »Voller Bauch studiert nicht gern«. Es macht wenig Sinn, sich mittags mit kalorienreicher *Nahrung*, die viel Verdauungsleistung fordert, zu belasten und von seinem Gedächtnis dann Höchstleistungen zu erwarten. Eine ausgewogene Ernährung, die in ihrem Kaloriengehalt der ausgeübten Tätigkeit angemessen ist, schafft die besten Voraussetzungen für ein funktionierendes Gedächtnis. Wer dann noch durch *Sport* und Bewegung seinen Kreislauf in Schwung bringt, versorgt seinen Körper und somit das Gehirn mit ausreichend Sauerstoff und schafft optimale Bedingungen für effektives geistiges Arbeiten. Körperliche Betätigung ist insbesondere für Menschen, die vorwiegend sitzende Tätigkeiten ausüben, ein wichtiger Aspekt, da sie die Ausgeglichenheit und seelische Zufriedenheit positiv beeinflußt.
Körperliche Probleme haben häufig *seelische Ursachen*. Auch ein seelisches Ungleichgewicht, das nicht zu körperlichen Problemen führt, kann unsere Konzentration beeinträchtigen, wobei die Ursachen für die fehlende psychische Ausgeglichenheit häufig nicht klar und deutlich zu erkennen sind. Es handelt sich hier nicht nur um dauerhafte psychische Beeinträchtigungen, die letztendlich in fachmännischer Betreuung therapiert werden müssen, auch vorübergehende Gefühlsschwankungen können für Störungen der Konzentration verantwortlich sein. Dazu gehören negative Stimmungen wie Trauer, Wut, Frustration, aber auch positive wie Euphorie, Verliebtheit. Beide können konzentriertes geistiges Arbeiten erschweren.

Störungen von außen

Störfaktor Nummer 1 ist heute das Telefon. Telefonische Unterbrechungen sind kaum zu beeinflussen und schwer eingrenzbar. Sie sind in der Regel unangekündigt und können uns zu jeder Tages- und manchmal auch Nachtzeit stören, es sei denn, man ist in der Lage, durch Stummschalten, einen Anrufbeantworter oder Umschalten auf den Apparat einer Kollegin oder eines Kollegen sich eine Zeitlang vom Telefon zu befreien.
Das Telefon ist – insbesondere in Büros mit mehreren Mitarbeitern – einer der vielen Lärmfaktoren, die Hauptverursacher von *Stress* sind. Stress ist eine körperliche Reaktion auf äußere Einwirkungen, die Bedrohung und Gefahr signalisieren. Der Stressmechanismus im Körper sorgt dafür, daß Hor-

mone in der Nebenniere ausgeschüttet werden, die Blockaden in unserem Gehirn verursachen. Diese Blockaden führen dazu, daß Informationen, die wir aus unserem Gedächtnis abrufen wollen, nicht weitergeleitet werden und hängenbleiben. Eine Reihe von Faktoren und deren Kombination, so z.B. Lärm, Unübersichtlichkeit, Angst vor Versagen, Reizüberflutung, können den Stressmechanismus auslösen. Stress führt schnell zu Unkonzentriertheit und behindert auf diese Weise gute Gedächtnisleistungen.

Abgelenkt von einer Sache, mit der man sich gerade befaßt, werden wir jedoch nicht nur durch Telefon und Lärm, sondern durch alle Umgebungsreize. Sie können akustisch oder optisch sein. Verkehrslärm, der Lärm von Maschinen und Bürogeräten, Unterhaltungen von Nachbarn sind Beispiele für *akustische* Störungen.

Der Einfluß von Musik auf die Konzentrationsfähigkeit ist bei den Menschen unterschiedlich. Er hängt von der Art der Musik ab, sowie von der Lautstärke. Außerdem spielt das Maß an Konzentration eine Rolle, die man für eine Arbeit aufbringen muß. Leichte geistige Arbeit und Musik können sich durchaus befruchten. Wichtig ist, daß die Musik nicht abgelehnt wird. Ablehnung führt dazu, daß man sich nicht auf die Arbeit konzentrieren kann. Arbeit, die ein hohes Maß an Konzentration erfordert, wird durch Musik, vor allem laute, eher beeinträchtigt. Manche Menschen scheinen allerdings in der Lage zu sein, Musik völlig auszublenden. Dazu muß man aber Energie aufbringen. Und es bleibt zu fragen, warum man eigentlich Musik spielen läßt, wenn man sie sowieso nicht hört.

Visuelle Reize lenken ebenfalls ab. Das kann ein ungeordneter Schreibtisch sein, starke Farbkontraste in der Umgebung, viel Bewegung am eigenen Arbeitsplatz. Aber auch die Sinne, deren Wahrnehmungen uns im allgemeinen weniger bewußt werden, tragen zu Störungen unserer Konzentration bei:

Störung von - bis	Wer oder was stört?	Gründe für die Störung	Mögliche Abhilfe-maßnahmen

Abb. 3 Störprotokoll

penetrante Gerüche gehören dazu, extreme Temperaturen, zu harte oder zu weiche Sitzgelegenheiten usw. Dabei findet eine Wechselwirkung statt zwischen der Menge und Stärke von Umgebungsreizen, unserer körperlichen und geistigen Verfassung und der Fähigkeit, genau, sorgfältig und ohne Verzögerung eine Aufgabe zu erledigen.
Die Umgebungsreize sind von uns nur teilweise positiv zu beeinflussen. Kann man sie nicht abstellen, wie beispielsweise ein lärmendes Radio, hilft vor allem, die störungsarmen Zeiten unseres Tagesablaufs herauszufinden.
Der erste Schritt dazu ist eine genaue Protokollierung von Störungen. Man hält einige Zeit schriftlich fest, wer oder was stört und in welchem Zeitraum die Störung erfolgt. Anschließend überlegt man sich mögliche Abhilfemaßnahmen.
Der zweite Schritt ist eine genaue Zeit- und Arbeitsplanung, die die Ergebnisse der Störungsanalyse berücksichtigt. Wir können so geistige Tätigkeiten, die ein hohes Maß an Konzentration erfordern, in Zeiten legen, zu denen wir aller Voraussicht nach weniger gestört werden. Eine Gestaltung der Arbeitsumgebung mit möglichst wenigen visuellen Reizen ist besonders für diejenigen wichtig, die sich leicht ablenken lassen.
Trotz günstig gestalteter Arbeitsbedingungen fällt es vielen Menschen schwer, an einer Aufgabe zu bleiben und diese sorgfältig zu erledigen. Diese Fähigkeit, sich auf eine Sache zu konzentrieren, ohne zu stocken sorgfältig an einer Aufgabe zu arbeiten, kann man trainieren. Dazu finden Sie eine Reihe von Übungen im Trainingsprogramm dieses Buches.

Überlastung

Konzentrationsschwierigkeiten können auch durch Überlastung mit zu vielen Aufgaben entstehen, besonders wenn man versucht, der Arbeitsüberlastung dadurch zu entgehen, daß man *gleichzeitig* an mehreren Aufgaben arbeitet. Sich mit zwei Aufgaben, die gedankliche Aktivität voraussetzen, zur gleichen Zeit zu beschäftigen, überfordert mit Sicherheit die meisten. Jeder, der schon einmal probiert hat, zur selben Zeit zu lesen und fernzusehen, wird festgestellt haben, daß zwar die groben Handlungsstränge sowohl des Buches als auch des Films noch aufgenommen, Einzelinformationen aber nicht mehr verarbeitet werden können.
Das *Wechseln* der Aufgaben hingegen kann durch die unterschiedlichen geistigen Anforderungen positive Auswirkungen auf die geistige Leistung haben. Voraussetzung dafür ist allerdings, daß der Gesamtüberblick nicht verlorengeht und man nicht in hektisches Hin und Her zwischen verschiedenen Aufgaben verfällt. Dann bleibt der Berg unerledigter Aufgaben so drückend,

daß er uns bei unserer Arbeit blockiert. Wenn man hier Abhilfe schaffen will, ist es zunächst notwendig zu prüfen, ob die Überlastung »hausgemacht« ist oder von außen aufgezwungen wurde. Ist sie »hausgemacht«, kann nur eine effektive Arbeitsplanung und Prioritätensetzung helfen, die auch dazu führen muß, daß weniger wichtige Aufgaben nicht oder zu einem späteren Zeitpunkt erledigt werden. Meistens aber überlasten wir uns nicht selbst, sondern bekommen unsere Arbeitsaufgaben von außen zugeteilt. Auch hier ist eine klare *Analyse und Planung* sinnvoll, weil sie uns hilft, unberechtigte Ansprüche zurückzuweisen und Aufgaben abzulehnen. Ob uns das gelingt, ist jedoch nicht nur eine Frage ausreichender Sachargumente auf unserer Seite, sondern auch, ob wir in der Lage sind, uns mit unseren Argumenten durchzusetzen. Das gilt im übrigen gegenüber Vorgesetzten ebenso wie gegenüber nachgeordneten Mitarbeitern.

Abschweifen der Gedanken beim Lesen

Konzentrationsschwierigkeiten äußern sich häufig durch ein Abschweifen der Gedanken. Man »verliert den Faden«, die Gedanken wandern frei umher und bleiben nicht bei der augenblicklichen Aufgabe. Das Abschweifen der Gedanken tritt sehr häufig beim Lesen auf. Insbesondere beim Lesen schwieriger Texte ist unsere Konzentration stark gefordert. Aber auch bei leichter Lektüre drängen sich oft andere Gedanken in unser Bewußtsein; man blättert dann mechanisch Seite um Seite weiter, ohne den Inhalt des Gelesenen tatsächlich aufzunehmen und zu verarbeiten. Ursache dieser Konzentrationsschwächen können Probleme sein, die einen stark beschäftigen. Sie wirken so stark, daß sie die Informationen des gelesenen Textes verdrängen. Manchmal ist aber auch das fehlende Interesse am Text verantwortlich. Ungeliebte, langweilige Besprechungsprotokolle »reizen« uns nur so schwach, daß sich viele andere, spannendere Gedanken in unser Gedächtnis drängen. Diese Motivationskonflikte kann man natürlich nicht restlos ausschalten, die eigene Fähigkeit, »bei der Sache zu bleiben«, jedoch durch Training verbessern.

Die Konzentration beim Lesen hängt oft noch zusätzlich von der angewandten *Lesetechnik* ab. Die meisten Menschen lesen jeden Text in gleicher Art und Weise und in gleichem Tempo – unabhängig davon, ob es sich um Belletristik oder Fachtexte handelt und unabhängig davon, ob sie sich nur einen Überblick verschaffen wollen oder studierend lesen.

Eine die Konzentration unterstützende Lesetechnik paßt sich dem Text und dem Zweck des Lesens an. Da unsere Kapazität, neue Informationen zu verarbeiten, bei einem Lesen »Wort für Wort« nicht ausgeschöpft wird, verdrängen leicht andere Gedanken unseren Text und stören so ein konzentriertes Lesen. Beim Arbeiten mit neuen Texten, die viele neu zu verarbeitende Informationen enthalten, ist ein fragendes, *markierendes Lesen* eine Hilfe. Es bedeutet eine aktive Auseinandersetzung mit Texten und verhindert von daher schon ein Abschweifen der Gedanken.

Wie funktioniert unser Gedächtnis?

Wahrnehmen – Verarbeiten und Speichern – Aufrufen

Der Vorgang, eine Information gleich welcher Art uns einzuprägen, sie zu behalten und in unserem Gedächtnis zu speichern, beginnt bei der *Wahrnehmung* von Informationen.

Wahrnehmungsspeicher

Informationen nehmen wir mit unseren Sinnen wahr, die häufig auch als Eingangskanäle unserer Wahrnehmung bezeichnet werden. Durch jeden dieser Eingangskanäle dringen ständig unzählige von Einzelinformationen in unseren ersten Gedächtnisspeicher, der *Wahrnehmungsspeicher* genannt wird. Dies sind Informationen, die wir über Auge, Ohr, Nase, Mund aufnehmen, aber auch Informationen, die durch unseren Gleichgewichtssinn und die Nervenzellen der Haut in uns eindringen. Die meisten Informationen sind für uns über den Moment hinaus ohne Belang, sie werden vergessen, oder besser: sie werden erst gar nicht behalten. Behalten werden nur Informationen, die wir uns bewußt merken wollen oder die so *bemerkenswert* sind, daß sie in den nächsten Speicher, das Kurzzeitgedächtnis weitergeleitet werden. Im ersten Speicher, dem Wahrnehmungsspeicher, verbleiben die Informationen als elektrische Reize nur kurze Zeit, man spricht von 10 - 20 Sekunden, so daß einige Gedächtnispsychologen diesen Teil des Gedächtnisses nicht als eigenständigen Speicher betrachten. Das Verbleiben der Informationen in diesem Wahrnehmungsspeicher kann man sich in etwa wie ein Nachbild vorstellen: wenn man eine Zeit lang ein Bild betrachtet und dann die Augen schließt, bildet sich das Bild noch einige Zeit auf der Linse des Auges ab. Das funktioniert besonders eindrucksvoll bei kontraststarken Bildern.

Kurzzeitgedächtnis

Die nächste Stufe ist dann das *Kurzzeitgedächtnis*, das man analog zu der Terminologie der Computersprache als Arbeitsspeicher des Gedächtnisses bezeichnen kann. Hier findet die grundsätzliche *Verarbeitung* statt und zu diesem Zeitpunkt fallen auch die Entscheidungen darüber, ob etwas überhaupt behalten wird und – wenn ja – es unkompliziert wieder abgerufen werden kann.

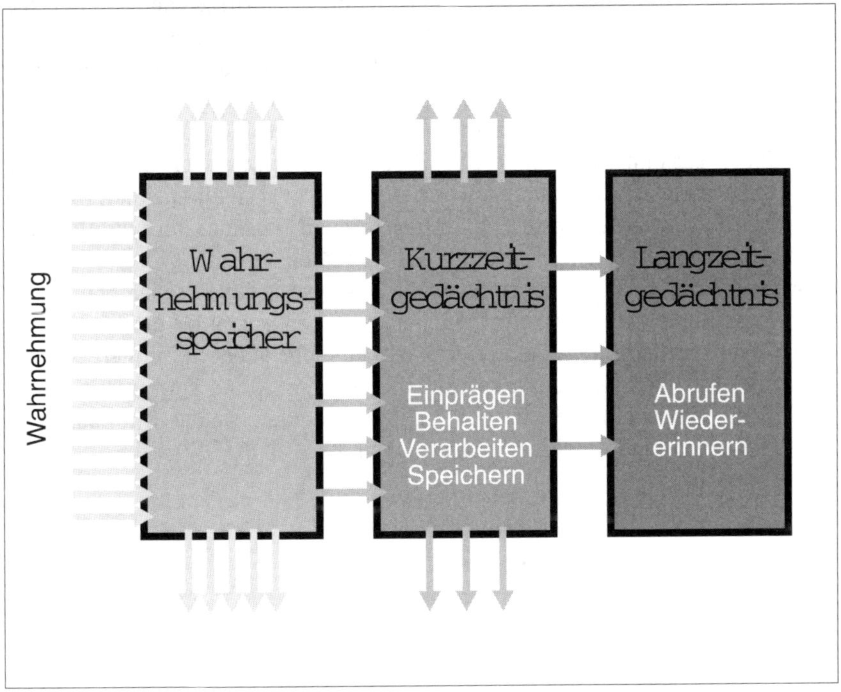

Abb. 4

Zunächst aber ist wichtig zu klären, wieviele einzelne Informationen unser Kurzzeitgedächtnis überhaupt aufnehmen kann. Untersuchungen haben ergeben, daß das durchschnittliche Kurzzeitgedächtnis nur ca. sieben Informationseinheiten auf einmal aufnehmen kann. Ein Beispiel: es dürfte Ihnen problemlos gelingen, die Zahl 7-3-5-2-4-8-1 wiederzugeben. Sobald es aber mehr als sieben Ziffern werden, wird die Aufgabe schwieriger bis unlösbar. Diese Beschränkung der Aufnahmekapazität gilt auch für Gedächtnismaterial, das nicht aus Zahlen besteht. Die Beschränkung kann nur durchbrochen werden, wenn die Informationen, die behalten werden sollen, zu Blöcken zusammengefaßt werden. Das reicht vom bloß formalen Ordnen nach quantitativen Gesichtspunkten, indem man beispielsweise die oben genannten Ziffern in Zweier-Blöcke zusammenfaßt: 7 35 24 81 bis hin zum Zusammenfassen nach inhaltlichen Gesichtspunkten. Die Informationseinheiten »Auto - Unfall - Fahrerflucht - Strafe« lassen sich besser einprägen als die Informationseinheiten »Kna - Rob - Rim - Nop«, weil erstere zu einem gemeinsamen Sinnzusammenhang gehören.

Ein anschauliches Beispiel sind unterschiedliche Schriftzeichen: Stellen Sie sich vor, Ihnen würde das Wort »Brille« gezeigt und Sie müßten es aus dem Gedächtnis aufschreiben. Diese Aufgabe stellt solange kein Problem dar, wie es sich um das Wort in deutscher Sprache handelt. Aufgrund unserer Vorkenntnisse fassen wir die einzelnen Informationen, die Buchstaben, zu einem Block zusammen, dem Wort »Brille«. Etwas schwieriger, aber durchaus noch zu leisten, ist die Aufgabe, wenn das Wort zwar in einer Ihnen fremden Sprache, aber in lateinischer Schrift geschrieben ist. Auch hier wird die Informationsmenge reduziert, weil uns die Schrift bekannt ist.
Fast unlösbar aber ist die Aufgabe, wenn das Wort in japanischen Schriftzeichen geschrieben ist. Die Schriftzeichen bestehen aus einer großen Anzahl von Einzelinformationen, die wir, weil wir sie nicht gliedern, ordnen und zusammenfassen können, kaum korrekt wiedergeben. Ohne Kenntnisse der japanischen Schrift können wir auch nicht entscheiden, welche Informationen für die Darstellung des Wortes wesentlich sind.

Abb. 5 Japanisch »Brille«

め
が
ね

Einzelinformationen fassen wir schon automatisch in Blöcke zusammen, wenn sich die Gruppierung sachlich ergibt. Diesen Vorgang, Einzelinformationen zu Blöcken, »chunks« (engl.: Stücke) zusammenzufassen, bezeichnet man in der Fachsprache als »clustering« (engl.: gruppieren, bündeln). Dieses »Bündeln« kann gezielt geübt und beim Einprägen von Informationen bewußt eingesetzt werden.

Vor dieser Verarbeitung durch »Clustern« werden bereits bei der Aufnahme der Informationen Weichen gestellt, ob wir gut oder schlecht Informationen aus unserem Gedächtnis wieder abrufen können.
Die meisten Informationen nehmen wir mit dem *Auge* auf, indem wir Vorgänge um uns herum gezielt oder auch beiläufig wahrnehmen oder lesen und Bilder bzw. grafische Darstellungen betrachten. Unser *Gehör*, der auditive Eingangskanal, bringt demgegenüber deutlich weniger Informationen – aber immer noch mehr als die anderen Kanäle – in unser Kurzzeitgedächtnis.
Wenn mehrere Kanäle bei der Aufnahme und anschließenden Verarbeitung zusammenwirken, so ist dies für das Wiederaufrufen von Informationen am effektivsten. Das Mitschreiben bei Vorträgen dient also nicht nur der

Entlastung des Gedächtnisses nach dem Motto »Was man schwarz auf weiß hat, braucht man sich nicht zu merken«, sondern unterstützt auch die Verarbeitung des Gehörten. Je mehr Sinne bei der Aufnahme von Informationen, die man behalten will, eingeschaltet werden, desto mehr Verarbeitungszentren unseres Gehirns werden beteiligt.
Die Informationen werden besser verankert und sind dann auch leichter aufrufbar. Singspiele aus der Kindheit, die mit Bewegungen verbunden sind, sind nicht zuletzt deswegen meist besser in unserem Gedächtnis haften geblieben, weil unsere Psycho-Motorik bei der Speicherung von Text und Melodie mitbeteiligt war.

Langzeitgedächtnis

Informationen speichern

Nur Informationen, die für uns von besonderer Bedeutung, aus dem einen oder anderen Grund auffällig sind oder die wir uns gezielt einprägen, gelangen vom Kurzzeitgedächtnis ins Langzeitgedächtnis, der dritten Stufe der Gedächtnisspeicher. Alle anderen Informationen verschwinden nach ca. 20-30 Minuten. Gedächtnismaterial, das über das Kurzzeitgedächtnis ins Langzeitgedächtnis gelangt ist, wird vorher codiert oder verschlüsselt.
Codierungen sind Ordnungsmerkmale, die es uns überhaupt erst ermöglichen, eine einmal gespeicherte Information später im Gedächtnis wiederzufinden. Denn Informationen, die wir behalten wollen, werden nicht einfach wie mit einer Kamera fotografiert und dann wie ein Abbild der Wirklichkeit abgelegt. Vielmehr wird jede Information mit einem oder mehreren Abrufsignalen verschlüsselt und unter verschiedenen Merkmalen in unserem Gedächtnis gespeichert. Dieses Merkmal, das dann beim Wiedererinnern als Abrufsignal dient, kann die sachliche Zuordnung der Information zu bereits vorhandenen Informationen sein, aber auch Einzelheiten über die formale Gestalt der Informationen enthalten: Wortlänge, Wortanfang usw. Jedes dieser gespeicherten Merkmale ist dann ein Ab- oder Aufrufsignal, das uns, wenn es als Reiz auftritt, die Gelegenheit gibt, auf die Gesamtinformation zurückzugreifen. Diese einzelnen Codes sind in unserem Gedächtnis vielfach vorhanden, miteinander und mit anderen Informationen zu einem komplizierten Netzwerk verknüpft.

Codiert wird zum einen nach *inhaltlichen* Bezügen, die auch »semantische Codes« genannt werden. Dies sind inhaltliche Verknüpfungen des Materials untereinander sowie mit bereits vorhandenem Wissen. *Akustische,* bzw. arti-

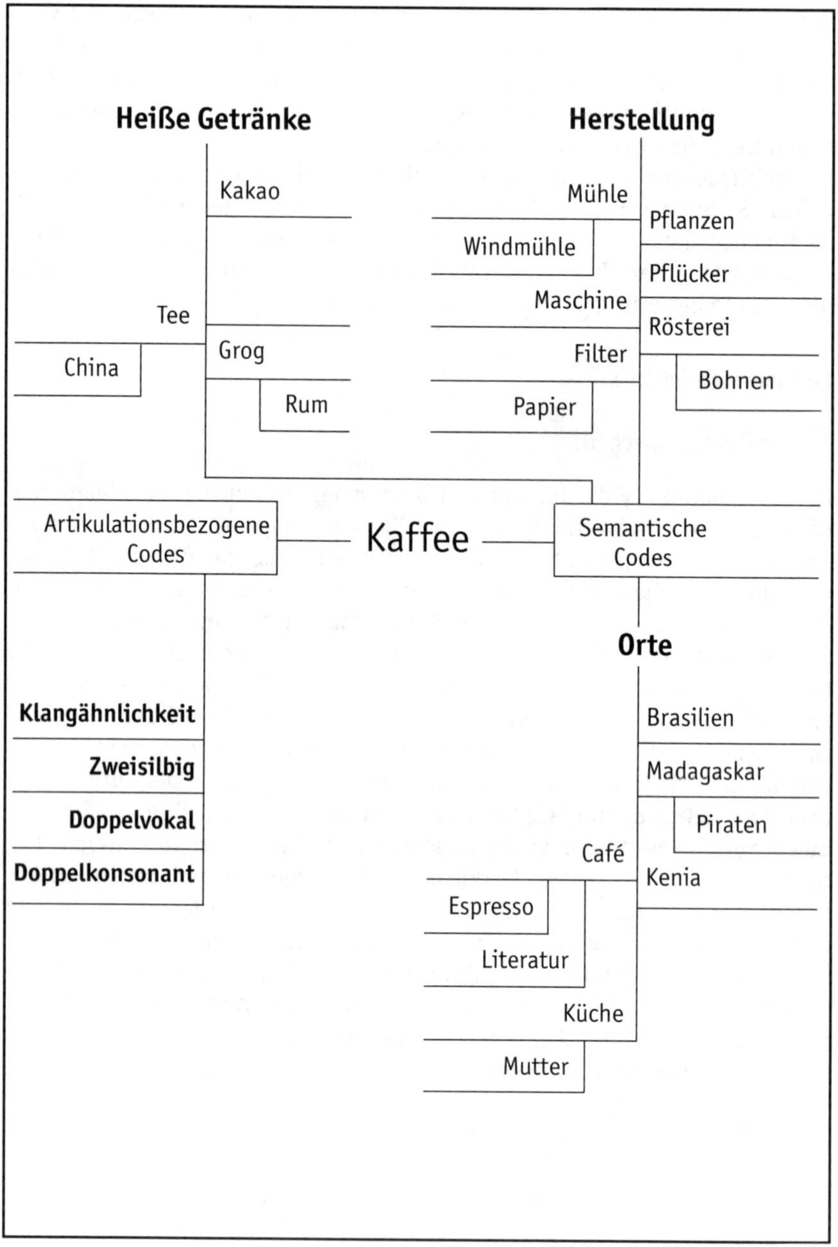

Abb. 6 Verknüpfung von Informationen – Assoziationsketten

kulationsbezogene Codierung bedeutet die Speicherung von Informationen nach formalen Kriterien wie Klang, Länge, Anfangsbuchstaben (wenn es sich um verbales Material handelt).

Darüber hinaus werden auch Informationen über die Art des Auftretens und die *Lokalisierung* der Information gespeichert.

So kann man sich bei Informationen unter Umständen genau daran erinnern, von wem man sie gehört hat, ob man sie im Radio gehört, im Fernsehen gesehen oder in der Zeitung gelesen hat; die eigentliche Information aber ist manchmal nur noch ungenau vorhanden. Oder man erinnert sich noch sehr genau, in welcher Zeitschrift, unter welcher Rubrik, ob auf einer linken oder rechten Seite, oben oder unten, man die Buchrezension gelesen hat. Wie aber Titel, Autor und Verlag lauteten, ist fast völlig verschwunden. Hier scheint es einen entscheidenden Unterschied zwischen der Funktionsweise des Kurzzeitgedächtnisses und des Langzeitgedächtnisses zu geben. Während ersteres noch stärker artikulations- und akustikbezogen ist, also sich detailgetreu erinnert, treten diese Codierungen beim Langzeitgedächtnis eher in den Hintergrund und die inhaltsbezogene Codierung wird wichtiger.

Beiläufig wird häufig neben der Information, die man sich einprägen will, eine Reihe von räumlich und zeitlich gleichzeitig auftretenden Informationen mitgespeichert. Sie könnten dann als Abrufsignal für die eigentliche Information fungieren. Sehr oft sind Erinnerungen an Melodien oder Geschmacks- und Geruchs»erinnerungen« solche Aufrufsignale. Marcel Proust beschreibt in seiner Novelle Swann's Welt, wie aus dem Genuß eines »Madeleine« genannten Sahnetörtchens Erinnerungsprozesse entstehen.

»Sobald ich den Geschmack jener Madeleine wiedererkannt hatte, die meine Tante mir, in Lindenblütentee eingetaucht, zu verabfolgen pflegte (obgleich ich noch immer nicht wußte und auch erst späterhin würde ergründen können, weshalb die Erinnerung mich so glücklich macht), trat das graue Haus mit seiner Straßenfront, an der ihr Zimmer sich befand, wie ein Stück Theaterdekoration zu dem kleinen Pavillon an der Gartenseite hinzu, der für meine Eltern nach hintenheraus angebaut worden war (also zu jenem verstümmelten Teilbild, das ich bislang allein vor mir gesehen hatte) und mit dem Hause die Stadt, der Platz, auf den man mich vor dem Mittagessen schickte, die Straßen, die ich von morgens bis abends und bei jeder Witterung durchmaß, die Wege, die wir gingen, wenn schönes Wetter war. Und wie in den Spielen, bei denen die Japaner in eine mit Wasser gefüllte Porzellanschale kleine, zunächst ganz unscheinbare Papierstückchen werfen, die, sobald sie sich vollgesogen haben, auseinandergehen, sich winden, Farbe annehmen und deutliche Einzelheiten aufweisen, zu Blumen, Häusern, zusammenhängenden und erkennbaren Figuren werden, ebenso stiegen jetzt alle Blumen unseres Gartens und die aus dem Park von Monsieur Swann, die Seerosen auf der Vivonne, die Leutchen aus dem Dorfe und ihre kleinen Häuser und die Kirche und ganz Combray und seine Umgebung, alles deutlich und greifbar, die Stadt und die Gärten aus meiner Tasse Tee.«

Alle Informationen werden auch ohne unser bewußtes Zutun mehrfach codiert. Wir können aber diese unterschiedlichen Verarbeitungsweisen gezielt einsetzen und damit unser Gedächtnis stärken. Strukturierungsübungen schulen diese Art des Denkens und helfen uns, Gedächtnismaterial organisatorisch besser zu speichern.

Aufrufen und Vergessen

Die überwiegende Zahl von Gedächtnispsychologen geht davon aus, daß alles, was im Kurzzeitspeicher codiert wurde, in das Langzeitgedächtnis übernommen wird und nicht verloren geht. Das heißt aber noch lange nicht, daß diese Informationen jederzeit zu unserer Verfügung stehen. Je mangelhafter die Abrufstrategien, je weniger tief die Informationen verankert sind, je weniger oft sie von uns aktiv gebraucht werden, desto schwieriger ist es, sie wieder aufzurufen.

Was geschieht, wenn Informationen »vergessen« werden?
Die psychologische Forschung tendiert dazu, zwischen verschiedenen Arten des Vergessens zu unterscheiden. Wenn es sich um das Vergessen einfacher, »gelernter« Informationen, wie zum Beispiel Vokabeln, Begriffsdefinitionen, Klassifizierungen handelt, ist häufig eine *falsche Aneignungsstrategie* verantwortlich, die uns zu wenig Aufrufsignale zur Verfügung stellt.
Darüber hinaus kann eine *Interferenz- oder Ähnlichkeitshemmung* für das Vergessen verantwortlich gemacht werden. Unter Interferenz versteht man in der Gedächtnispsychologie die Überlagerung verschiedenen Gedächtnismaterials mit dem Ergebnis, daß das Material gar nicht oder nur unvollständig gespeichert wird. Angenommen, Sie bekommen eine Liste von Begriffen, die Sie lernen und in drei Stunden wiedergeben sollen. Diese Begriffe können jetzt zum einen durch andere Begriffe überlagert werden, die Sie bereits *vorher* gehört oder gelernt haben. Diese Hemmung wird *proaktive* Hemmung genannt. Sie können aber auch durch Begriffe gestört werden, mit denen Sie *nach* Ihrem Lernen konfrontiert wurden. Dann handelt es sich um eine *retroaktive* Hemmung.

Diese Störungen treten deutlicher und häufiger auf, wenn das gelernte und das störende Material sich sehr ähnlich sind und wenn keine ergänzenden Gedächtnistechniken angewandt wurden, die als zusätzliche Stützen eine mehrfache Codierung und damit mehrfache Abrufsignale sicherten. Das bedeutet, daß es auf keinen Fall sinnvoll ist, sich zu lange mit ein und demselben Stoff zu beschäftigen und dabei ausschließlich den Stoff zu memorieren

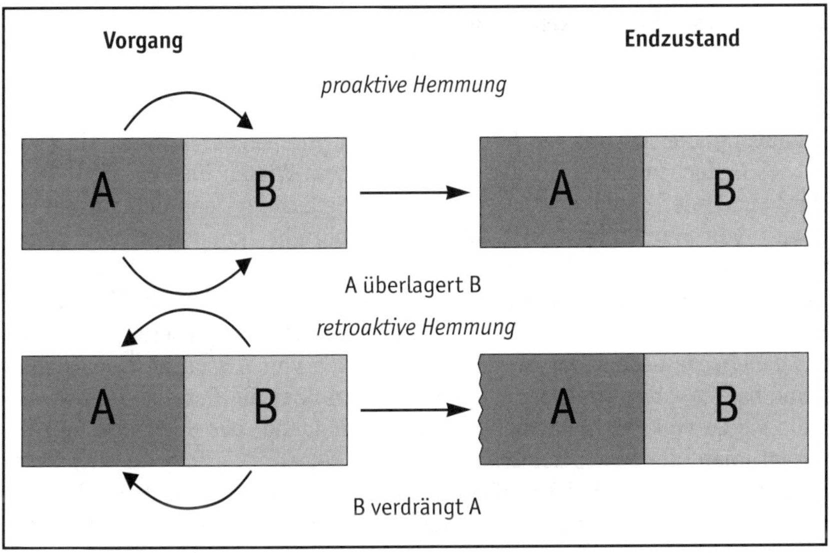

Abb. 7 Interferenz- oder Ähnlichkeitshemmung

(wiederholen). Geschichtszahlen, Namen und Bezeichnungen, andere Daten sind die Informationen, die besonders häufig von dieser Art des Vergessens betroffen sind. Inwieweit ein tatsächlich biologischer Zerfall für das Verschwinden gespeicherter Informationen verantwortlich ist, ist bislang noch nicht nachgewiesen.

Eine andere Art des Vergessens tritt auf, wenn es um die Wiedergabe erzählter oder erlebter Vorgänge oder anderer komplexer Zusammenhänge geht. Hier wurde in Untersuchungen festgestellt, daß bei der Wiedergabe eine Erinnerung umgearbeitet und anhand der eigenen Lebenserfahrung der eigenen Wirklichkeit angepaßt wird. Das hängt damit zusammen, daß bei komplexeren Zusammenhängen kein genauer Wortlaut oder ein detailgetreues Bild, sondern der mehr oder weniger genaue Sinn gespeichert wird. Bei der Speicherung wird dieses verwobene Netz von Informationen mit bereits vorhandenen versponnen. Beim Wiederaufrufen wird dann der Sinn so wiedergegeben, wie es dem einzelnen jeweils sinnvoll erscheint. Einzelheiten werden weggelassen, andere, ins Bild passende Einzelheiten werden ergänzt, wieder andere werden gemäß den eigenen Schemata verändert. Das erklärt auch, warum alte Menschen ihre Vergangenheit oft »geschönt« wiedergeben.

Episodisches und generisches Gedächtnis

Neben der Unterscheidung nach der *Verweildauer* von Informationen hat eine weitere Unterscheidung bei der Betrachtung unseres Gedächtnisses eine Bedeutung, die sich auf den *Inhalt* der Gedächtnisspeicher bezieht. Als generisches Gedächtnis wird all das bezeichnet, was Wissen über die Welt speichert, im Unterschied zu dem episodischen Gedächtnis, das sich auf das Erinnern von Handlungen und Situationen bezieht, an denen man selbst beteiligt war.

Das *episodische Gedächtnis* ist angesprochen, wenn es beispielsweise um die Erinnerung an den letzten Urlaub oder zurückliegende Tagesabläufe geht; das *generische Gedächtnis* ist mit dem Behalten von Wissen im eigentlichen Sinne befaßt – von fremdsprachigen Vokabeln über die Gesetze der Schwerkraft bis zu volkswirtschaftlichen Zusammenhängen. Das Speichern von Informationen, die das *episodische Gedächtnis* betreffen, erfolgt in aller Regel beiläufig. Eigene Erlebnisse prägen wir uns nicht gezielt ein. Beim Wiedererinnern werden meistens ganze Bilder und Szenen wiederaufgerufen, deren Einzelheiten allerdings sehr stark subjektiven Veränderungen unterliegen. Ein anschauliches Beispiel dafür sind die oft unterschiedlichen, ja zum Teil sich widersprechenden Zeugenaussagen.

Das *generische Gedächtnis* hingegen ist weniger bildhaft und bezieht sich auf einzelne Fakten und Zusammenhänge von Fakten. Hier finden mehr oder weniger gezielte Lernprozesse statt, vom Einprägen durch Wiederholung über das Anknüpfen an Bekanntes bis hin zu Anreicherungstechniken.

Gedächtnisstrategien

Die Grundlage aller Gedächtnistechniken ist die Anreicherung der Informationen, die man sich merken will. Man ergänzt die semantischen Codierungen, die sich aus dem Inhalt der Information ergeben durch zusätzliche andere. Die zusätzlichen Codierungen können sich ebenfalls an inhaltlichen Kriterien orientieren und die neuen Informationen mit bereits bekannten verknüpfen. Informationen, die ohne inhaltlichen Zusammenhang sind, können aber auch so miteinander verknüpft werden, indem man sie in einen Satz, eine Geschichte zusammenfaßt (grammatische Interaktion) oder zu einem Bild zusammenfügt (visuelle Interaktion).
Darüber hinaus kann ein zusätzlicher Code quasi unterlegt werden, indem man die Information in einen Reim bringt oder sie rhythmisiert oder über Analogien anreichert. Diese »Eselsbrücken« werden gelegentlich auch als Pseudocodierungen bezeichnet, weil sie außerhalb eines inhaltlichen Kriteriums der Information einen zusätzlichen Sinn geben (siehe auch Abschnitt »Aufbau des Tagesprogramms«).

Loci-Technik
Bereits in der Antike wurden von griechischen und römischen Rednern Gedächtnistechniken benutzt. Die bekannteste aus dieser Zeit ist die Technik der Orte, die *Loci-Technik*. Sie basiert darauf, daß man sich eine Reihe von Plätzen heraussucht, die man fest in seinem Gedächtnis gespeichert hat. Am besten geeignet sind dafür Orte, deren Reihenfolge uns ohnehin geläufig ist. Das können Plätze auf dem Weg zur Arbeit oder bei einem Gang durch die eigene Wohnung sein. Die Begriffe, die man sich merken will, »stellt« man dann im Geist an den festgelegten Platz. Wollen Sie dann die eingeprägten Begriffe wieder aus dem Gedächtnis aufrufen, müssen Sie im Geist die von Ihnen festgelegte Reihenfolge von Orten wieder abgehen und die dort »abgestellten« Begriffe aufnehmen. Die Plätze dienen Ihnen als zusätzliche Abrufsignale. Verschiedene Untersuchungen haben bewiesen, daß diese Methode dem herkömmlichen Memorieren durch Wiederholen der zu lernenden Worte weit überlegen ist. Beispielsweise konnten Versuchspersonen fünf Wochen, nachdem sie eine Liste von 25 Wörtern mit Hilfe der Loci- Technik gelernt hatten, 80 % der Wörter fehlerfrei wiedergeben. Eine Vergleichsgruppe, die auf herkömmliche Art gelernt hatte, konnte demgegenüber nur 36 % wiedergeben. Voraussetzung, daß diese Methode funktioniert, ist, daß Sie in der Lage sind, auch ungewöhnliche Kombinationen zuzulassen. Es ist nicht von vorneherein

jedermanns Sache, schnell Begriffe zu *visualisieren* , d.h. in gedankliche Bilder umzusetzen und dann noch mit bestimmten Orten zu verknüpfen. Aber auch die Fähigkeit zu visualisieren kann entwickelt und trainiert werden.
Man muß sich jedoch auch klar darüber sein, daß die Möglichkeiten, diese und andere Memotechniken im Alltagsleben einzusetzen, begrenzt sind. Kompliziert wird es dann, wenn es sich bei den Begriffen, die man sich einprägen will, um abstrakte Begriffe handelt. Hier muß man erst die abstrakten Begriffe durch einen konkreten Begriff symbolisieren, z.B. »Besprechung« durch einen runden Tisch oder »Glück« durch ein Kleeblatt. Dabei besteht natürlich beim Abrufen der Bilder leicht die Gefahr der Fehldeutungen. Die Symbolisierung des Wortes »Freiheit« durch die amerikanische Freiheitsstatue im Hafen von New York kann z.B. leicht als Symbol für die Stadt New York oder für die Vereinigten Staaten interpretiert werden.

Schlüsselwort-Technik

Eine andere Methode, die ähnlich funktioniert, ist die Kennwort- oder *Schlüsselwort-Technik*. Dabei werden zunächst einige Begriffe gelernt, die man sich gemeinsam mit Zahlen, beginnend von eins bis zwanzig oder mehr, einprägt. Die Verknüpfung mit Zahlen kann man sich durch Reime oder bildhafte und symbolische Assoziationen erleichtern: Drei reimt sich leicht mit Brei, Vier mit Klavier, Sieben schon etwas schwerer mit Rüben. Die Acht erinnert an eine Achterbahn oder vielleicht auch an Handschellen, die Eins kann man sich als Fahne vorstellen, die ein Loch auf dem Golfplatz markiert. Symbolische Assoziationen sind eine schwarze Katze als Unglücksbringer für die 13, der Würfel oder Lottozettel für die Sechs. Neue Begriffe, die gelernt werden sollen, werden dann mit dem Schlüsselwort zu einem gemeinsamen Bild verknüpft. Sich Zahlen als Bilder vorzustellen, wird gelegentlich als Merkhilfe empfohlen, eine Methode, die jedoch bei größeren Zahlen weniger praktikabel ist. Daß man mit etwas Phantasie für die einzelnen Zahlen treffende Bilder finden kann, zeigt ein literarisches Beispiel: Joseph von Eichendorff schreibt in seinem Roman »Aus dem Leben eines Taugenichts«:

»Besonders das fatale Rechnen wollte mir nun erst gar nicht mehr von der Hand, und ich hatte, wenn der Sonnenschein durch den Kastanienbaum vor dem Fenster grüngolden auf die Ziffern fiel und so fix vom Transport bis zum Latus und wieder hinauf und hinab addierte, gar seltsame Gedanken dabei, so daß ich manchmal ganz verwirrt wurde und wahrhaftig nicht bis drei zählen konnte. Denn die Acht kam mir immer vor wie meine dicke enggeschnürte Dame mit dem breiten Kopfputz, die böse Sieben war gar wie ein ewig rückwärts zeigender Wegweiser oder Galgen. Am meisten Spaß machte mir noch die Neun, die sich mir so oft, eh ich michs versah, lustig als Sechs auf den Kopf stellte, während die Zwei wie ein Fragezeichen so pfiffig dreinsah, als wollte sie mich fragen: Wo soll das am Ende noch hinaus mit dir, du arme Null? Ohne sie, diese schlanke Eins und alles, bleibst du doch ewig nichts!«

Kettenwort-Technik

Die einfachste Methode ist die *Kettenwort-Technik*. Dabei werden die Begriffe, die gelernt werden sollen, miteinander verknüpft.

Ein Beispiel: Sie wollen sich Ihre Reisevorbereitungen mit Hilfe der Kettenwort-Technik einprägen. Sie wollen nach dem Frühstück gleich zum Einwohnermeldeamt, um dort Ihren neuen Reisepaß abzuholen, anschließend holen Sie das Auto aus der Werkstatt. Danach gehen Sie zum Nachbarn, der in Ihrer Abwesenheit die Blumen gießen will.

Anschließend geht es in die Stadt, um Besorgungen zu machen: Reiselektüre und -proviant. Im Radio wollen Sie den Verkehrsbericht hören und dann Ihr Auto packen. Bevor Sie fahren, rufen Sie noch Ihre Mutter an, um sich zu verabschieden. Nicht vergessen dürfen Sie, in Ihrer Scheibenwaschanlage nachzuschauen, ob noch genügend Wasser darin ist.

Für jede dieser Stationen merken Sie sich einen Begriff: Kaffeetasse (für Frühstück) - Reisepaß - Werkstatt - Blumen - Bücher - Wurstbrot (für Proviant) - Radio - Gepäck - Telefon (Anruf bei der Mutter) - Wasserglas (für Wasser nachprüfen).

Anschließend verknüpfen Sie die Begriffe zu einer visuellen Kette. Diese könnte folgendermaßen aussehen: 1. Bild: Neben der Kaffeetasse liegt der Reisepaß: Vorsicht! er darf keine Flecken bekommen. 2. Bild: Der Reisepaß steckt hinter dem Scheibenwischer Ihres Autos, das in der Werkstatt steht. 3. Bild: Die Werkstatt ist überall mit Blumen geschmückt. 4.Bild: Ihre Topfpflanzen stehen auf einem Büchersockel, der so hoch ist, daß er zu kippen droht. 5. Bild: Aus Ihrem Lieblingsbuch hat jemand die Seiten herausgerissen und darin ein Wurstbrot eingewickelt; die Seiten sind bereits voller Fettflecke. 6. Bild: Auf Ihrem Radio liegt ein appetitliches Wurstbrot. 7. Bild: Sie packen Ihr Radio in den Koffer, das Radio ist so groß, daß der Koffer kaum zugeht. 8. Bild: Das Telefon klingelt, aber Sie kommen nicht ran, weil es völlig mit großen und kleinen Gepäckstücken vollgestellt ist. 9. Bild: Mit einem Wasserglas in der Hand versuchen Sie, den Hörer zwischen Kopf und Schulter eingeklemmt, mit der anderen Hand zu wählen. 10. Bild: Der Kaffee ist Ihnen wieder einmal zu stark geraten. Aus dem Wasserglas gießen Sie Wasser dazu, um ihn »magenfreundlicher« zu machen.

So ähnlich könnte eine Bilderkette aussehen. Es ist dabei sinnvoll, den letzten Begriff wieder mit dem ersten zu verknüpfen, damit sie von jedem Glied der Kette aus starten können.

Das Trainingsprogramm

Sie finden in diesem Trainingsprogramm Übungen für 30 Tage. Die täglichen Übungen sprechen verschiedene Bereiche des Gedächtnisses an. Alle Übungsformen sind in Trainings mit verschiedenen Gruppen erprobt und haben sich bewährt.

Um Gedächtnis und Konzentration wirkungsvoll zu verbessern, ist es allein mit einem 30-Tage-Programm nicht getan. Dauernde geistige Aktivität ist die Voraussetzung dafür, daß ein gut funktionierendes Gedächtnis bis ins hohe Alter bewahrt werden kann. Das Trainingsprogramm kann diese dauernde Aktivität nicht ersetzen. Es kann aber

- Strategien vermitteln, die unsere Leistung verbessern,
- Übungsformen bieten, die diese Strategien trainieren,
- zu einer unterstützenden Weiterarbeit anregen.

Die Form eines 30-Tageprogramms wurde gewählt, um dem Leser für jeden Tag ein abgerundetes Programm bieten zu können. Erfahrungsgemäß gibt es je nach Begabung und Tätigkeit, die man ausübt, Vorlieben für die eine oder andere Übungsform. Ein festgelegtes Tagesprogramm beugt dem Beschreiten bequemer Wege vor, d.h. es verhindert, sich auf Übungen zu konzentrieren, die einem leicht fallen. Der Lerneffekt ist gerade bei den Übungen am größten, die individuell am schwersten fallen. Die Zeit, die man für die täglichen Übungen aufbringen muß, liegt bei *15 bis 20 Minuten*, kann aber bis zu einer Dreiviertel-Stunde reichen. Die Zeit wurde so gewählt, daß sie lang genug ist, um bei der täglichen Durchführung einen Trainingseffekt zu erreichen, aber kurz genug, um auch Vielbeschäftigten die Mitarbeit zu ermöglichen. Die Übungen sind in einzelne Kategorien (siehe Abschnitt »Aufbau des Tagesprogramms«) aufgeteilt, die der leichteren Orientierung des Lesers dienen. Selbstverständlich ist jede dieser Übungen nicht nur im angegebenen Bereich wirksam. Eine Übung zum Kurzzeitgedächtnis dient genauso zur Übung der Konzentration, wie es umgekehrt der Fall sein kann.

Das Buch ist als Arbeitsbuch konzipiert. Das bedeutet, daß ausreichend Raum gelassen ist für die Arbeit im Buch. Wenn Sie einen Bleistift verwenden, erhöht sich der Gebrauchswert des Buches, denn Sie werden feststellen, daß Sie die überwiegende Zahl der Übungen in einem zeitlichen Abstand mit einem ähnlichen Effekt wiederholen können.

Von der ersten bis zur letzten Übung findet eine allmähliche *Steigerung* statt, die zum einen darin besteht, daß die Übungen schwieriger und zum anderen umfangreicher werden. Es kann davon ausgegangen werden, daß Sie aufgrund des Trainings die meisten Übungen im Verlauf der 30 Tage schneller machen können. Das Trainingsprogramm berücksichtigt den motivationssteigernden Effekt der Abwechslung ebenso wie die Erhöhung des Trainingseffekts durch Wiederholung ähnlicher Übungen.

Aufbau des Tagesprogramms

Konzentrationsübungen

Jeder Tag beginnt mit einer oder mehreren *Konzentrationsübungen*.
Die Mehrzahl dieser Übungen basiert darauf, daß eine eng umgrenzte Aufgabe in möglichst kurzer Zeit gelöst werden soll. Einige dieser Übungen finden sich in ähnlicher Form bei Eignungs- und Einstufungstests und dienen dazu, konzentriertes Arbeiten unter zeitlich knappen Vorgaben zu prüfen. In den meisten Übungen des Trainingsprogramms wurde auf genaue zeitliche Vorgaben verzichtet, da sie zu wenig Rücksicht auf individuelle Unterschiede nehmen. Andererseits kann eine Leistungssteigerung jedoch nur dann erreicht werden, wenn Sie die Aufgaben möglichst unter Zeitdruck lösen. Es ist daher sinnvoll, wenn Sie die Zeit, die Sie für die einzelnen Aufgaben benötigen, kontrollieren und vergleichen.
Bei den Übungen zur Konzentration (s. 1./2. Übungstag) handelt es sich darum, Zahlen oder Buchstaben in einer vorgegebenen Reihenfolge schnell in einem Feld aufzusuchen. Sie werden merken, daß sich dabei auch Ihr Kurzzeitgedächtnis schult, weil Sie beginnen, sich die Position einzelner Zahlen zu merken. Diese Übungen können Sie beliebig oft wiederholen, auch wenn Sie das gesamte Programm bereits absolviert haben. Das Bemerkenswerte an den Übungen ist, daß wir, wenn die Größe der Zahlen oder Buchstaben unterschiedlich ist, Schwierigkeiten haben, sie zu finden. Das ist darauf zurückzuführen, daß wir mit Hilfe von Rastern die Zahlen suchen. Alles was zu groß oder zu klein ist, fällt durch dieses Raster, d.h. wird langsamer erkannt. Schwieriger ist es, uns auf zwei oder gar mehr Raster zu konzentrieren. Beim Suchen der Buchstaben in umgekehrter alphabetischer Reihenfolge kommt erschwerend hinzu, daß wir das Alphabet in der Reihenfolge von A bis Z gelernt und gespeichert haben. Wir sind so gezwungen, in Blocksprüngen zurückzugehen, um den jeweils nächsten Buchstaben zu finden. Diese Tatsache weist darauf hin, wie sehr wir Informationen in einer festgelegten Verknüpfung speichern, auch so einfache und doch wichtige Informationen wie das Alphabet.

Eine andere Kategorie der Konzentrationsübungen ist die, bei der es darauf ankommt, sich von der Aufgabe nicht *ablenken* zu lassen, also z.B. genau bei dem Verlauf einer Linie zu bleiben (z.B. 6. Tag). Bei den Übungen, bei denen Begriffe in einem Buchstabenfeld gefunden werden müssen, ist neben der Konzentration das *systematische Vorgehen* gefragt (z.B. 4. Tag). Nur durch zufälliges Hin- und Hersuchen werden wir kaum alle gesuchten Begriffe finden. Sie müssen eine Suchstrategie entwickeln, nach der Sie systematisch vorgehen.

Informationen anreichern – Pseudocodieren (Eselsbrücken)

Unter der Überschrift *Pseudocodieren* finden sich Übungen, in denen nach Reimwörtern gesucht wird (z.B. 1. Tag). Unter Pseudocodieren versteht man, eine Information anzureichern und sie so mit einem zusätzlichen Signal zum Aufrufen zu versehen. Reime und Rhythmen eignen sich dazu besonders gut. Ein Beispiel: Viele verwechseln die Bedeutung von konvex und konkav. Die Bedeutung wird aber schnell und sicher behalten, wenn man sich merkt: Der Bauch vom Di (Rex) ist konvex.
In anderen Übungen dieser Rubrik werden Anfangsbuchstaben als Gedächtnisstütze verwendet (z. B. 2. Tag). Diese Technik ist sofort im Alltag einsetzbar, wenn es darum geht, sich eine begrenzte Zahl von Begriffen einzuprägen, die zu einer gemeinsamen Gesamtmenge gehören. Das können alle Landeshauptstädte der Bundesrepublik sein, die Namen der Mitarbeiter einer Abteilung oder auch der Einkaufszettel. Voraussetzung dafür ist aber, daß die einzelnen Informationen selbst gespeichert sind und nur für die vollständige Aufzählung einen Anstoß brauchen.

Anregung der Phantasie – Visualisieren

Zum Bereich der Einübung bestimmter Gedächtnisstrategien gehören auch die *Visualisierung*sübungen (z.B. 13. Tag). Visualisierungsübungen regen die Phantasie an. Phantasie ist eine der Voraussetzungen, um Informationen durch Anreicherungen besser behalten zu können. Wenn wir in der Lage sind, Informationen in einfache oder auch komplexe Bilder umzusetzen, werden wir sie besser behalten. Die Visualisierungsübungen trainieren diese Fähigkeit des bildhaften Denkens. Hemmend wirken hier oft Sperren, die wir selbst haben, weil uns bestimmte Bilder als kindisch erscheinen und wir keine sinnhaften bildlichen Zusammenhänge herstellen können. Bewiesen ist aber die hohe Wirksamkeit von Visualisierungen für die Gedächtnisleistung. Wenn auch die klassischen Mnemotechniken nur eingeschränkt im beruflichen Alltag zu verwenden sind, ist doch die Fähigkeit, beispielsweise Zahlen oder Zusammenhänge in Grafiken, Diagrammen oder ähnlichem zu visualisieren, die Grundlage jeder effektiven Darstellung. Das gilt auch für mündliche Darlegungen. Wer hier in der Lage ist, spontan bildhafte Vergleiche zu ziehen, verschafft sich argumentative Vorteile. Die Visualisierungsübungen beginnen mit einfachen, paarweisen Bildverknüpfungen und gehen über die Einübung von Loci- und Kettenwort-Technik zur Visualisierung komplexer Zusammenhänge.

Schulung der Erinnerung –
Wortfindungen und Kreativität

Die Übungen zur *Wortfindung und Kreativität* (z.B. 1.,2.,4. Tag) nehmen im Tagesprogramm einen breiten Raum ein. Bei diesen Übungen geht es darum, nach vorgegebenen von Übung zu Übung differierenden Suchkriterien Wörter zu finden (Brückenwörter, vorgegebene Wortanfänge, -enden etc.). Ziel dieser Übungen ist es, die Such- und Erinnerungsstrategien zu schulen. Beim Suchen und Finden von Wörtern findet ein Abrufvorgang aus dem Gedächtnis statt, den wir trainieren wollen. Wir trainieren darüberhinaus mit solchen Übungen die Konzentration und den aktiven Wortschatz. Nicht zuletzt wirken diese Übungen dem Phänomen entgegen, daß uns ein Begriff »auf der Zunge liegt«, aber nicht heraus will. Unsere Schlagfertigkeit erhöht sich. Einen etwas anderen Akzent setzen die Wortquadrate (z.B. 5. Tag), die Schüttelwörter, die Übungen, in denen aus vorgegebenen Buchstaben neue Wörter gebildet werden sollen. Hier spielt statt der Erhöhung der Schlagfertigkeit eher das *Kombinieren und die konzentrierte Systematik* eine Rolle. Man kann sich bei diesen Übungen natürlich auch zusätzliche Zeitvorgaben machen, um so auch die Schlagfertigkeit zu schulen.

Einübung systematischen Denkens –
Strukturieren

*Strukturierungs*übungen (z.B. 1. Tag) schulen systematisches Denken und verweisen auf die Tatsache, daß unser Gedächtnis gut organisiertes Material besser speichern kann. Dabei sind nicht nur Übungen, bei denen es um sinnhafte Strukturen geht, sondern auch rein formale Ordnungen gefragt. Unstrukturiertes Material bekommt so Konturen und wird besser behalten.

Training des Kurzzeitgedächtnisses

Kurzzeitgedächtnis (z.B. 2.,9. Tag) wird durch Übungen mit *verbalem* und mit bildhaftem Material trainiert. Die Übungen mit Material sind so ausgewählt, daß sie nahe am Alltag sind und dadurch Hinweise darauf geben, wie Sie sich mit alltäglichem Material selbst Übungen zusammenstellen können. *Bilder* sind nicht zuletzt deshalb mitaufgenommen worden, weil damit andere Bereiche unseres Gedächtnisses angesprochen werden. Auch hier ist es einfach, selbständig weiterzuarbeiten, indem Sie versuchen, Bilder aus Zeitungen, Büchern etc. aus der Erinnerung zu beschreiben.

Training des Langzeitgedächtnisses

Dies gilt auch für die Übungen zum *Langzeitgedächtnis* (z. B. 1., 2., 3. Tag). Verbale und bildhafte Informationen, die Sie aufgenommen haben, können Sie versuchen, nach einigen Tagen wiederzugeben. Das schärft zusätzlich auch die Wahrnehmung. Können Sie z.B. Ihren Fernseher genau beschreiben? Größe der Bildröhre, Anordnung der Bedienungselemente etc.? Oder die genaue Abfolge der Geschäfte einer Geschäftsstraße, die Sie zwar nicht jeden Tag, jedoch relativ häufig entlanggehen?
Übungen zum Langzeitgedächtnis haben das Problem, daß die gespeicherten Informationen - gleich ob es sich um autobiografische Erinnerungen oder allgemeines Wissen handelt - von Person zu Person verschieden sind. Bei den Übungen, in denen Wissen abgefragt wird, geht es darum, durch die Angabe zusätzlicher Abrufsignale, z.B. Anfangsbuchstaben, vorhandenes Wissen möglichst umfassend zu aktivieren. Wenn Sie das eine oder andere noch nie gewußt haben, kann es natürlich nicht aktiviert werden. Es ist aber sicher kein Schaden, auf diese Art und Weise sein eigenes Wissen zu erweitern.
Die Übungen zur *Mustererkennung* richten sich auf das Wiedererkennen; trainiert wird die Fähigkeit, sich aus wenigen Einzelinformationen eine Gesamtinformation zu erschließen, d.h. sie aus dem Langzeitgedächtnis abzurufen.

Lösungen

Jeder Tageseinheit folgt ein *Lösungsteil*. Wir empfehlen, nicht zu schnell auf die Lösungen zurückzugreifen. Der Trainingseffekt ist auf jeden Fall größer, wenn Sie die für Sie schwierige Aufgabe eine Weile ruhen lassen und sie sich dann noch einmal vornehmen.

Das Trainingsprogramm für 30 Tage

1 Konzentration Zahlen

Im folgenden Quadrat finden Sie die Zahlen von 1 bis 40 in unterschiedlichen Größen. Bitte suchen Sie so schnell wie möglich, nacheinander, alle Zahlen. Wenn Sie bei 40 angelangt sind, gehen Sie wieder zurück bis zur Zahl 1.

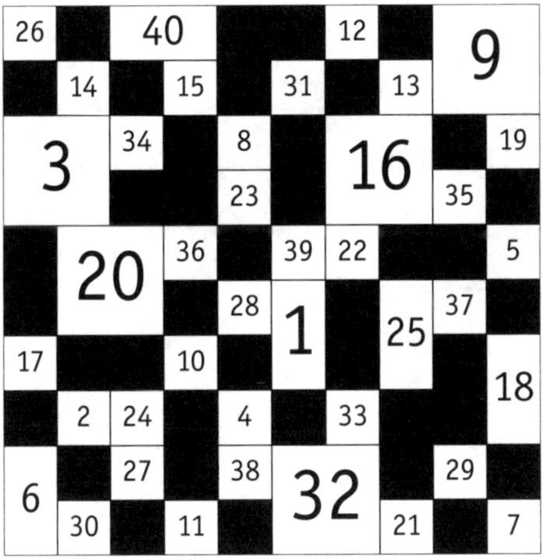

Konzentration Doppelbegriffe

Bitte suchen Sie die Begriffe, die doppelt vorhanden sind.

Gerichtsdiener - Ansichtskarte - Einwohnermeldeamt - Autokennzeichen - Rauschgoldengel - Butterbrot - Postwertzeichen - Landkarte - Gerichtsakte - Einwohnermeldeamt - Goldschmied - Briefmarke - Autokennzeichen - Wurstbrot - Rauschgift - Straßenatlas - Landgericht - Posthorn - Einwohnerzahl - Gerichtsakte - Markenartikel - Amtsdiener - Brotmesser - Wurstbrot - Giftzahn - Schmiedehammer - Zeichenbrett - Markenartikel

1 | Pseudocodieren
Reimwörter

Reime können Eselsbrücken sein, um uns Informationen besser einzuprägen. Bitte suchen Sie für die folgenden Wörter möglichst viele Reimwörter. Dabei kommt es nur auf den gleichen Klang an.

Beispiel: *Nebel*
Mögliche Reimwörter sind: Wedel, Hebel, Säbel, Faible, Clark Gable

Bitte suchen Sie jetzt mindestens fünf Reimwörter auf das Wort *Sarg*.

____

____

____

____

____

Wortfindung und Kreativität
Schüttelwörter

Bei den Wörtern, deren Buchstaben durcheinander geraten sind, handelt es sich um Kräuter.

1. IMELALK ____________________
2. FREMPIFFENZ ____________________
3. AROMANJ ____________________
4. SESILEM ____________________
5. BIKULMISA ____________________

Strukturieren Blöcke bilden 1

Bitte ordnen Sie nachstehende Begriffe nach inhaltlichen Gesichtspunkten. Es gehören immer vier zusammen. Geben Sie dem Viererpäckchen einen Oberbegriff.

Tasse, First, Teller, Gabel, Buch, Fenster, Schüssel, Schornstein, Messer, Haustür, Zeitschrift, Löffel, Zeitung, Kaffeekanne, Teelöffel, Prospekt.

Alle Lösungsworte fangen mit dem gleichen Buchstaben an.

Langzeitgedächtnis Muster erkennen

Bitte lesen Sie den Lückentext sorgfältig durch und füllen Sie die Lücken aus.

Jeder Mensch . . . elementare Bedürfnisse, . . . er befriedigen . . ., wenn er leben . . .. Zu ... lebensnotwendigen Gütern sind im Laufe . . . Zeit Bedürfnisse . . . Produkten geweckt . . ., . . . längst . . . diesen existenznotwendigen Bedarf hinausgehen. . . . neue . . . im Menschen . . . wecken, versucht . . . Werbung, Produkte . . . bestimmten Gefühlen des . . . in ... zu bringen, so daß . . . Kauf zu . . . vermeintlichen Bedürfnisbefriedigung führt.

1 Langzeitgedächtnis Speicher ausschöpfen

1. Gelegentlich sprechender Vogel ____________________
2. Tropisches Edelholz ____________________
3. Schauspielerische Darstellung ohne Worte ____________________
4. Sonderrechte für bestimmte Gruppen ____________________
5. Alkoholverbot in den USA ____________________
6. Krankhafte Angst ____________________
7. Vorspann des Grundgesetzes ____________________
8. Moderne Arbeitshilfe ____________________
9. Vergütung für die Vermittlung von Geschäften ____________________
10. Amerikanischer Ausdruck für gerösteten Mais ____________________

Lösungsvorschläge

Produkte *mit* bestimmten Gefühlen des *Menschen* in *Verbindung* zu bringen, so daß *der* Kauf zu *einer* vermeintlicDie Begriffe Einwohnermeldeamt, Autokennzeichen, Gerichtsakte, Wurstbrot und Markenartikel sind doppelt vorhanden.

Mögliche Lösungen sind: karg, barg, stark, arg, Mark.

1. Kamille. 2. Pfefferminz. 3. Majoran. 4. Melisse. 5. Basilikum.

Geschirr: Tasse, Teller, Kaffeekanne, Schüssel;
Besteck: Gabel, Messer, Löffel, Teelöffel;
Lesestoff: Buch, Zeitschrift, Zeitung, Prospekt;
Haus: First, Fenster, Schornstein, Haustür.

Jeder Mensch hat elementare Bedürfnisse, die er befriedigen muß, wenn er leben *will*. Zu *den* lebensnotwendigen Gütern sind im Laufe *der* Zeit Bedürfnisse *nach* Produkten geweckt *worden, die* längst *über* diesen existenznotwendigen Bedarf hinausgehen. *Um* neue *Bedürfnisse* im Menschen *zu* wecken, versucht *die* Werbung, hen Bedürfnisbefriedigung führt.
1. Papagei, 2. Palisander, 3. Pantomime, 4. Privilegien, 5. Prohibition, 6. Phobie, 7. Präambel, 8. Personal Computer, 9. Provision, 10. Popcorn.

Konzentration Alphabet 2

Bitte suchen Sie in der folgenden Zeichnung die Buchstaben von A bis Z in der Reihenfolge des Alphabets. Wenn Sie beim Buchstaben Z angelangt sind, gehen Sie rückwärts, bis Sie wieder beim Buchstaben A angelangt sind. Bemühen Sie sich, möglichst schnell zu arbeiten, um den Übungseffekt zu verstärken. Vermutlich wird es Ihnen nicht ganz leicht fallen, das Alphabet rückwärts wiederzugeben, weil wir es nur vorwärts gelernt und verankert haben.

Konzentration Schnell entschlüsseln

Bitte lesen Sie den folgenden Text so schnell wie möglich.

WERNIESEINBROTMITTRÄNENASS,WERNIEDIEKUMMERVOLLENNÄCHTEAUFSEINEMBETTEWEINENDSASS;DERKENNTEUCHNICHT;IHRHIMMLISCHENMÄCHTE!IHRFÜHRTINSLEBENUNSHINEIN;IHRLASSTDENARMENSCHULDIGWERDEN;DANNÜBERLASSTIHRIHNDERPEIN;DENNALLESCHULDRÄCHTSICHAUFERDEN.JOHANNWOLFGANGVONGOETHE:WILHELMMEISTERSLEHRJAHRE.

2 Konzentration
Doppelbegriffe

Bitte suchen Sie die Begriffe, die doppelt vorhanden sind.

Saumseligkeit - Zufriedenheit - Trägheit - Flexibilität - Dankbarkeit - Sanftmut - Zuverlässigkeit - Jähzorn - Faulheit - Vergeßlichkeit - Mutwilligkeit - Zufriedenheit - Kreativität - Undankbarkeit - Wut - Bedachtsamkeit - Unachtsamkeit - Fleiß - Redseligkeit - Trägheit - Unzuverlässigkeit - Friedfertigkeit - Unbeherrschtheit - Duldsamkeit - Fleiß - Spontaneität - Redseligkeit - Sanftmut - Hartnäckigkeit - Bedachtsamkeit.

Wortfindung und Kreativität
Wortanfänge

Bitte suchen Sie mindestens zehn Wörter, die mit den Buchstaben Gla beginnen.

1. Gla ______________________	6. Gla ______________________
2. Gla ______________________	7. Gla ______________________
3. Gla ______________________	8. Gla ______________________
4. Gla ______________________	9. Gla ______________________
5. Gla ______________________	10. Gla ______________________

Kurzzeitgedächtnis Bilder 2

Bitte schauen Sie sich das folgende Bild aufmerksam an, verdecken Sie es dann und beantworten Sie die Fragen.

Wieviele Bücher stehen auf dem Regal?
Was zeigt das Bild an der Wand?
Welches Muster hat das Hemd des Mannes?
Wieviele Schubladen hat der Schrank?
Was ist im Regal zu sehen?
Was liegt auf dem Sofa?

Wenn Sie die Fragen beantwortet haben, vergleichen Sie Ihre Ergebnisse mit dem Bild.

2 Pseudocodieren Anfangsbuchstaben

Eine Möglichkeit, sich eine Reihe von Begriffen einzuprägen, ist, mit den Anfangsbuchstaben der Begriffe jeweils ein neues Wort und mit den so erhaltenen Wörtern einen ganzen Satz zu bilden. Dabei braucht dieser Satz nicht besonders logisch zu sein. Wichtig ist, daß die grammatikalische Struktur stimmt. Sie unterstützt das Wiedererinnern.
Ein Beispiel: Sie neigen dazu, die Namen Ihrer fünf besten Kunden zu vergessen: Droste, Horstmeyer, Lippkowsky, Ingelmann und Ammerberg.
Der Merksatz könnte lauten: Dieter ißt am liebsten Himbeereis.

Versuchen Sie, sich nach dieser Methode die sechs Städte Deutschlands mit der höchsten Einwohnerzahl einzuprägen: Berlin, Hamburg, München, Köln, Dortmund und Frankfurt.

Wenn Sie einen originellen Satz gefunden haben, überprüfen Sie in den nächsten Tagen, ob er Ihnen eine wirksame Gedächtnisstütze war.

Langzeitgedächtnis Muster erkennen

Bitte lesen Sie den Lückentext sorgfältig durch und füllen Sie die Lücken aus.

Die Mitarbeiterin in der Buchhaltung eines englischen . . . wurde nach dreiwöchiger entlassen. Die Begründung: Sie sei nicht , mit der EDV . Das Arbeitsgericht diese als nicht gerechtfertigt; dem Arbeitgeber eine von 5000 Pfund Sterling , weil entsprechende Trainingsmaßnahmen zur gestellt hat. Die Buchhalterin lediglich Ein-Tages-Training am durchlaufen. Das betrachtete kurzfristige Maßnahme als nicht adäquat für einen , der noch nie einem ähnlichen gearbeitet hatte. Es liege in der des sicherzustellen, daß ausreichend befähigt und werden, wenn sie neue handhaben sollen.

Langzeitgedächtnis Speicher ausschöpfen

2

Bitte ordnen Sie die Hauptstädte den richtigen Ländern zu

Südafrika	Port-au-Prince
Ghana	Bogota
Chile	Algier
Australien	Pretoria
Algerien	Canberra
Haiti	Santiago
Japan	Tirana
Albanien	Valetta
Kolumbien	Accra
Malta	Tokio

Lösungsvorschläge

Die gesuchten Doppelbegriffe sind: Zufriedenheit, Trägheit, Sanftmut, Bedachtsamkeit, Fleiß und Redseligkeit.

Ein möglicher Satz wäre »**B**erühmte **h**aben **m**eistens **k**eine **d**auernden **F**reundschaften.

Mögliche Lösungen: Glaube, Glanz, glatt, Glatze, Glas, Gladiator, Glacis, Glaubersalz, Glasur, Glamour.

»Die Mitarbeiterin in der Buchhaltung eines englichen *Betriebes* wurde nach dreiwöchiger *Probezeit* entlassen. Die Begründung: Sie sei nicht *fähig*, mit der EDV *umzugehen*. Das Arbeitsgericht *betrachtete* diese *Kündigung* als nicht gerechtfertigt; dem Arbeitgeber *wurde* eine *Abfindung* von 5000 Pfund Sterling *auferlegt*,weil *er keine* entsprechende Trainingsmaßnahmen zur *Verfügung* gestellt hat. Die Buchhalterin *hatte* lediglich *ein* Ein-Tages- Training am *Anfang* durchlaufen. Das *Arbeitsgericht* betrachtete *diese* kurzfristige Maßnahme als nicht adäquat für einen *Mitarbeiter*, der noch nie *mit* einem ähnlichen *Gerät* gearbeitet hatte. Es liege in der *Verantwortung* des *Arbeitgebers* sicherzustellen, daß *Mitarbeiter* ausreichend befähigt und *qualifiziert* werden, wenn sie neue *Technologien* handhaben sollen.«

Südafrika - Pretoria, Ghana - Accra, Chile - Santiago, Australien - Canberra, Algerien - Algier, Haiti - Port-au-Prince, Japan - Tokio, Albanien - Tirana, Kolumbien - Bogota, Malta - Valetta.

3 Pseudocodieren Anfangsbuchstaben

Bilden Sie aus den Anfangsbuchstaben zukünftiger Anwendungsgebiete von Computern einen Satz, der Ihnen als Gedächtnisstütze dient:

Spracherkennung, Fingerabdrücke identifizieren, Gesichtserkennung, Marktprognosen, Kreditkartenmißbrauchsicherung.

____

____

____

Wortfindung und Kreativität Wortanfänge

Bitte suchen Sie mindestens 15 Wörter, die mit den Buchstaben Schr... beginnen.
Beispiele: Schrank, Schreiner.

1. Schr ____________________
2. Schr ____________________
3. Schr ____________________
4. Schr ____________________
5. Schr ____________________
6. Schr ____________________
7. Schr ____________________
8. Schr ____________________
9. Schr ____________________
10. Schr ____________________
11. Schr ____________________
12. Schr ____________________
13. Schr ____________________
14. Schr ____________________
15. Schr ____________________

Kurzzeitgedächtnis Zahlen

3

Lesen Sie bitte die folgenden Zahlen mehrfach genau durch. Verdecken Sie dann bitte die Zahlen und kreuzen Sie in der nachfolgenden Tabelle die richtige unter einer Auswahl von ähnlichen Zahlen an.

030/475 23 43	12.7.1872
12 345	591 m3
78,390	1,435

Kreuzen Sie bitte die Zahl an, von der Sie meinen, daß es die richtige ist.

$591m^2$	78,390	12.8.1872	1,453	12 435	030/457 43 23
$519m^2$	87,093	13.8.1871	1,435	13 452	030/457 23 43
$591m^3$	87,309	13.7.1882	14,53	12 345	030/475 43 23
$592m^3$	78,309	12.7.1872	1,543	12 543	030/475 23 43

Vergleichen Sie bitte, ob die von Ihnen angekreuzten Zahlen die richtigen sind.

Langzeitgedächtnis Bilder

Erinnern Sie sich noch an das Bild des letzten Tages, das Zimmer mit dem Mann, der auf dem Sessel sitzt? Beantworten Sie doch bitte noch einmal einige Fragen und kontrollieren Sie dann Ihr Ergebnis.

Was für eine Art von Elektrogerät steht im Regal?
Wieviele Bücher sind dort zu sehen?
Wie ist der Fußboden des Zimmers beschaffen?
Was zeigt das Bild an der Wand?

Lösungsvorschläge

Ein möglicher Satz wäre: „**S**iegfried **fi**ng **g**estern **me**ine **K**atze."
Mögliche Lösungen: Schrapnell, Schraubenzieher, Schreiben, Schrift, Schrat, schrill, Schranke, schrubben, schrumpfen, schrammeln, schreien, schraffieren, Schramme, schrullig, Schreck.

Tips + Anregungen: Gedächtnislücken

Eine Chance, scheinbar völlig Vergessenes wieder hervorzuholen, ist die Reaktivierung des Kontextes. Informationen speichern wir mit dem Zusammenhang, in dem wir sie gehört, gesehen oder wahrgenommen haben. Diese Einprägesituation sollten Sie mit Ihrer Vorstellungskraft im Geist wiederherstellen. Gemeint sind die Situationen, in denen beispielsweise der Ortsname, den Sie in Ihrer Erinnerung suchen, eine Rolle gespielt haben könnte. Versuchen Sie, sich dem Namen unter verschiedenen Aspekten zu nähern: können Sie sich an den ungefähren Klang, die Länge des Namens, den Anfangsbuchstaben erinnern?
Dieses systematische Abfragen hilft bei allem Vergessenen, von dem man genau weiß, daß es eigentlich gespeichert ist, aber im Moment nicht verfügbar.
Die Reaktivierung des Kontextes hilft auch beim Suchen von verlegten Gegenständen. Angenommen, Sie haben ein Schriftstück verlegt: versetzen Sie sich in die Situation, in denen Sie zuletzt mit diesem Schriftstück gearbeitet haben. Versuchen Sie sich an den Arbeitsablauf zu erinnern.

4 Konzentration Begriffe

Im folgenden Rechteck sind Begriffe versteckt. Es handelt sich dabei um die afrikanischen Staaten Angola, Niger, Kenia, Zaire, Somalia, Tschad, Sudan, Mali, Äthiopien, Marokko, Nigeria.
Die Worte sind senkrecht, waagrecht und diagonal in beide Richtungen abgedruckt; Umlaute sind ausgeschrieben (ä gleich ae). Als Beispiel ist das Wort **Zaire** markiert.

B	R	S	L	A	L	O	G	N	A
A	M	C	T	Q	A	U	S	I	I
I	<u>E</u>	<u>R</u>	<u>I</u>	<u>A</u>	<u>Z</u>	A	R	G	N
L	U	T	A	E	R	E	I	E	E
A	M	S	H	K	G	H	S	R	K
M	B	C	E	I	W	R	S	T	I
O	R	H	N	I	O	C	T	N	G
S	A	A	S	H	R	P	I	B	N
M	U	D	L	T	I	E	I	W	A
G	R	D	E	L	H	F	O	E	L
G	E	M	A	R	O	K	K	O	N
N	D	M	M	N	E	A	S	G	R

Pseudocodieren Reimwörter

Bitte suchen Sie mindestens fünf Reimwörter auf das Wort »Macht«.

4 Wortfindung und Kreativität
Städte

Bitte suchen Sie zu jedem der Buchstaben des Alphabets eine deutsche oder ausländische Stadt, von A wie Aachen bis Z wie Zürich.

Kurzzeitgedächtnis
Bilder

Stellen Sie sich vor, Sie sind mit Bekannten in einer Gaststätte. Die folgenden Bilder zeigen Ihnen die Speisen und Getränke, die vom Kellner serviert werden. Schauen Sie sich bitte die Bilder genau an und prägen Sie sich die Reihenfolge ein. Verdecken Sie dann die Bilder.

4

Die Bilder sind jetzt in einer veränderten Reihenfolge wiedergegeben. Bitte beziffern Sie die Bilder in der richtigen Reihenfolge und kontrollieren Sie Ihr Ergebnis.

4 Langzeitgedächtnis Speicher ausschöpfen

Der Endbuchstabe des Lösungsworts ist der Anfangsbuchstabe des folgenden Lösungswortes.

1. Allumfassend ____________
2. Vom Meer abgeschnürter flacher Meeresteil ____________
3. Bodenabtragung durch Naturgewalten ____________
4. Westliches Militärbündnis (Abk.) ____________
5. Golfstaat ____________
6. Törichtes Gerede ____________
7. Internationales Seenotzeichen ____________
8. Vergesellschaftung von Eigentum ____________
9. Die einen sehen es als Kunst, die anderen als Schmiererei an ____________
10. Anhaftend, innewohnend ____________

Langzeitgedächtnis Muster erkennen

Versuchen Sie, die folgenden Abkürzungen richtig aufzulösen.

1. z.B. ____________
2. OB ____________
3. PC ____________
4. MB ____________
5. MdB ____________
6. MHD ____________
7. HBV ____________
8. dpa ____________
9. VHS ____________
10. EWG ____________

4

Lösungsvorschläge

				A	L	O	G	N	A
A								I	I
I	E	R	I	A	Z		R	G	N
L		T				E		E	E
A		S	H		G			R	K
M		C		I					
O		H	N		O				
S		A				P			
	U	D			I		I		
		D		L				E	
		M	A	R	O	K	K	O	N
		M	M	N					

Mögliche Lösungen: sacht, acht, Nacht, Gracht, Fracht.

*A*ugsburg, *B*erlin, *C*elle, *D*ortmund, *E*ssen, *F*rankfurt, *G*era, *H*annover, *I*tzehoe, *J*erusalem, *K*öln, *L*imburg, *M*ünchen, *N*ürnberg, *O*ldenburg, *P*eine, *Q*uebec, *R*endsburg, *S*iegen, *T*rier, *U*lm, *V*enedig, *W*uppertal, *X*anten, *Y*ork, *Z*ürich. 1. zum Beispiel, 2. Oberbürgermeister, 3. Personal Computer, 4. Megabyte, 5. Mitglied des Bundestages, 6. Malteser Hilfsdienst, 7. Gewerkschaft Handel, Banken, Versicherungen, 8. Deutsche Presseagentur, 9. Volkshochschule oder Video Home System (Industriestandard für Videocassetten), 10. Europäische Wirtschaftsgemeinschaft (Vorläufer der Europäischen Gemeinschaft).

1. total, 2. Lagune, 3. Erosion, 4. NATO, 5. Oman. 6. Nonsens, 7. SOS, 8. Sozialisierung, 9. Graffiti, 10. inhärent.

5 Konzentration Alphabet

Bitte suchen Sie in der folgenden Zeichnung die Buchstaben des Alphabets von A bis Z. Wenn Sie beim Buchstaben Z angelangt sind, gehen Sie bitte wieder rückwärts, bis Sie beim Buchstaben A angelangt sind.

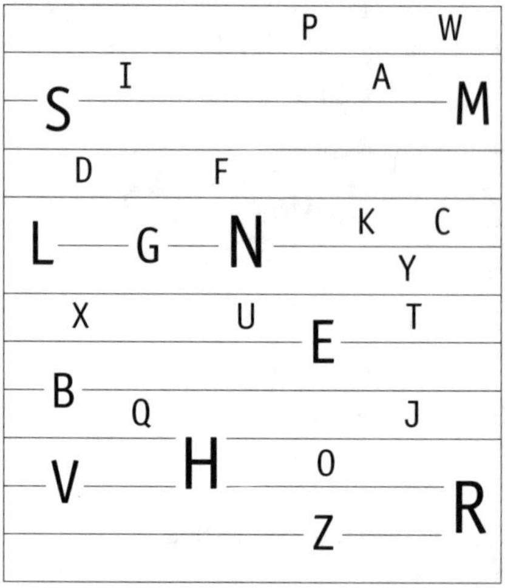

Pseudocodieren Anfangsbuchstaben

Bilden Sie mit den Anfangsbuchstaben der sieben größten Städte der Welt neue Wörter und fügen Sie diese zu einem Satz zusammen, der Ihnen als Gedächtnisstütze dient:

Tokio, Sao Paulo, New York, Mexiko-Stadt, Shanghai, Bombay, Los Angeles

Wortfindung und Kreativität
Buchstabenquadrate

Bitte bilden Sie mit den Buchstaben des Quadrates zehn Wörter. Die Wörter sollten mindestens fünf Buchstaben haben. Sie können jeweils ein Kästchen »vorrücken«. Dies kann diagonal, senkrecht und waagerecht in beide Richtungen geschehen. Sie können einen Buchstaben auch mehrfach verwenden, müssen aber das entsprechende Kästchen zunächst verlassen haben.
Ein Beispiel ist im Kästchen durch eine Linie angezeichnet.

O	B	R	T
E	I	A	S
R	N	E	U
D	E	A	M

Wortfindung und Kreativität
Namen

Bitte suchen Sie zu jedem Buchstaben des Alphabets einen Vornamen, beginnend bei A wie Anton bis Z wie Zacharias.

5 Strukturieren
Blöcke bilden

Bitte ordnen Sie die unten aufgeführten Begriffe nach Gemeinsamkeiten in Vierer-Blöcke. Geben Sie den Blöcken eine Überschrift.

Meterstab, Mixer, Quirl, Glühbirne, Kerze, Herd, Feuer, Fackel, Brotschneidemaschine, Thermometer, Heizlüfter, Ofen, Taschenlampe, Eierkocher, Uhr, Waage.

Langzeitgedächtnis
Bilder

Erinnern Sie sich noch an die Bilder der Speisen und Getränke vom letzten Tag? Schreiben Sie doch bitte auf, was Ihnen davon noch alles einfällt. Versuchen Sie auch, sich an die vorgegebene Reihenfolge zu halten.

Langzeitgedächtnis Speicher ausschöpfen 5

Bitte ordnen Sie die Hauptstädte den richtigen Ländern zu.

Polen	Kampala
Thailand	Bukarest
Kambodscha	Warschau
Rumänien	Helsinki
Kenia	Pnom Penh
Laos	Budapest
Ungarn	Bangkok
Finnland	Vientiane
Uganda	Nairobi

Lösungsvorschläge

Ein möglicher Satz könnte sein: „ **T**anja **s**ah **n**eidisch **m**eine **sch**önen **B**irnen **l**iegen"

*A*dam, *B*arbara, *C*ornelia, *D*etlef, *E*rwin, *F*rank, *G*itta, *H*ubert, *I*lse, *J*utta, *K*arl, *L*ilo, *M*anfred, *N*orbert, *O*rtwin, *P*eter, *Q*uirin, *R*udolf, *S*ieglinde, *Th*eodor, *U*te, *V*iktor, *W*alter, *X*aver, *Y*vonne, *Z*acharias.

Meßgeräte: Meterstab, Thermometer, Waage, Uhr.
Küchengeräte: Mixer, Quirl, Brotschneidemaschine, Eierkocher.
Lichtquellen: Glühbirne, Kerze, Fackel, Taschenlampe.
Wärmequellen: Herd, Feuer, Heizlüfter, Ofen.

Polen - Warschau, Thailand - Bangkok, Kambodscha - Pnom Penh, Rumänien - Bukarest, Kenia - Nairobi, Laos - Vientiane, Ungarn - Budapest, Finnland - Helsinki, Uganda - Kampala.

6 Konzentration Augengymnastik

Verfolgen Sie bitte die Linie von dem Kreis links oben bis zu dem Rechteck links unten. Lassen Sie sich von den anderen geometrischen Symbolen nicht ablenken und springen Sie nicht. Folgen Sie der Linie nur mit den Augen und gehen Sie fünfmal hin und zurück.

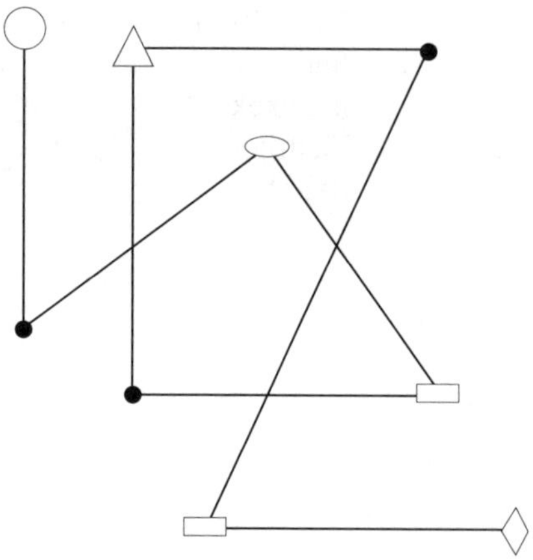

Wortfindung und Kreativität Schüttelwörter

Bei den folgenden Wörtern, deren Buchstaben durcheinander geraten sind, handelt es sich um Bäume.

1. ROHNA
2. HOGANIMA
3. NATNE
4. IDELN
5. TUBELCHUB

Konzentration
Schnell entschlüsseln

6

DIENÄCHTESINDSOSCHWARZWIEPESTBEULENDIETAGEÄ HNELNHEISSENFIE-
BERPHANTASIENDASVERBRECHENWÄCHSTWIEEINGESCHWÜRINDENGEDÄRME
NDERGROSSENSTADTUNDAUFDENGIPFELNDERWOLKENKRATZERSTEHENDIESEL
BSTMÖRDERSCHLANGE:DERWELTUNTERGANGHATLÄNGSTBEGONNENUNDKEINE
RKÜMMERTSICHDARUMDIEPOLIZEIISTBESTOCHENDIEPOLITIKISTKORRUPT
UNDDASFERNSEHENLÜGT:DIEANGSTKRIECHTDURCHDIEGEDANKENDERUNS
CHULDIGENUNDINDENKÖPFENDERMÖRDERWUCHERTGRÖSSENWAHNWEITDRA
USSENABERIMTEURENVILLENVIERTELSITZTEINMANNDERKANNESNICHTFASSE
NESISTEINALTERBÖSERBITTERERMANNERHATSCHONBESSEREZEITGESEHE
NUNDSEINEZUKUNFTHATERHINTERSICHAUSSZNR230SEITE51»DERHERBST
DERHELDEN«

Langzeitgedächtnis
Speicher ausschöpfen

Bitte ordnen Sie die Hauptstädte den richtigen Ländern zu.

Liechtenstein	Madrid
Libanon	Harare
Ecuador	Ankara
Birma	Lima
Peru	Kinshasa
Zimbabwe	Beirut
Zaire	Damaskus
Türkei	Vaduz
Syrien	Quito
Spanien	Rangun

6 Konzentration Begriffe

Im folgenden Rechteck sollen Sie unter den vielen Buchstaben die Namen deutschsprachiger Schriftsteller suchen. Sie können vertikal von oben nach unten sowie von unten nach oben und horizontal von rechts nach links sowie von links nach rechts, aber auch diagonal in beide Richtungen abgedruckt sein.
Es handelt sich um die Schriftsteller Dürrenmatt, Seghers, Frisch, Grass, Lenz, Rinser, Heym und Böll.
Umlaute sind ausgeschrieben: ä gleich ae, ü gleich ue, ö gleich oe.

D	K	Z	N	R	T	O	B	G	I	E
S	U	S	E	H	E	F	G	E	D	N
R	C	E	T	S	C	I	U	N	E	B
U	C	G	R	A	S	S	M	H	S	A
B	E	H	N	R	D	Y	I	N	A	M
D	U	E	Z	N	E	L	T	R	S	H
S	P	R	I	H	G	N	R	S	F	H
I	T	S	E	L	R	V	M	E	S	E
C	H	R	C	T	A	E	R	A	D	I
A	B	O	E	L	L	G	O	R	T	I
C	U	S	G	R	E	S	N	I	R	T

Lösungsvorschläge

1. Ahorn, 2. Mahagoni, 3. Tanne, 4. Linde, 5. Blutbuche.

Liechtenstein - Vaduz, Libanon - Beirut, Ecuador - Quito, Birma - Rangun, Peru - Lima, Zimbabwe - Harare, Zaire - Kinshasa, Türkei - Ankara, Syrien - Damaskus, Spanien - Madrid.

D									
	U	S		H					
		E			C				
		G	R	A	S	S	M		
		H		R		Y	I		
		E	Z	N	E	L		R	
		R		H		N			F
		S					M		
								A	
	B	O	E	L	L				T
			R	E	S	N	I	R	T

Konzentration Ziffern 7

Markieren Sie bitte alle Zahlen, die ausschließlich aus geraden Ziffern bestehen.

1234	4462	4567	2221	3446	3579	8682	4578	9944	2112	8866
2244	4552	5664	7344	8246	3355	5224	4316	8236	9446	2148
4456	2345	8796	3456	7658	1231	3214	8768	9778	5544	3543
2112	3443	5467	7897	3453	2248	4324	5675	8796	4356	3214
2134	5646	8678	8864	2468	2334	5674	9867	8796	8648	4332
5446	5764	8768	4626	2398	1476	1365	3321	7953	5117	4554
3322	4264	3344	7689	5463	1234	4356	6789	4563	2346	7658

Es sind insgesamt 11 Zahlen, die nur aus geraden Ziffern bestehen.

Pseudocodieren Reimwörter

Bitte suchen Sie mindestens fünf Reimwörter auf das Wort **denken**

____

____

____

____

____

7 Wortfindung und Kreativität
Brückenwörter

Bitte suchen Sie das Wort, das mit beiden Wörtern einer Reihe eine sinnvolle Verbindung eingeht. Das neue Wort soll an das erste Wort der Reihe angehängt werden und beim zweiten Wort der Reihe den Anfang bilden. Beispiel: Das Brückenwort zu »Wasser« und »Flasche« ist Bett, denn es gibt ein Wasserbett und eine Bettflasche.

1. Haus	________________	Brief
2. Sammel	________________	Rand
3. Gruppen	________________	Ehrung
4. Paß	________________	Spielerei
5. Straßen	________________	Haus
6. Kuchen	________________	Schlosser
7. Maul	________________	Krebs
8. Reiz	________________	Bruch
9. Werte	________________	Halle
10. Projekt	________________	Wagen

Strukturieren
Blöcke bilden

Bitte ordnen Sie nachstehende Begriffe nach inhaltlichen Gesichtspunkten. Es gehören immer vier zusammen. Geben Sie dem Viererpäckchen einen Oberbegriff.

Lampe, Teppich, Schreibmaschine, Kerze, Negativ, Film, Scheinwerfer, Brücke, Dia, Kugelschreiber, Kronleuchter, Parkett, Bleistift, Foto, Füller, Fliese

Langzeitgedächtnis Speicher ausschöpfen 7

Alle Lösungswörter beginnen mit dem gleichen Buchstaben.

1. Ballspiel, in den USA sehr populär __________
2. Wurde als Zauberin im Jahre 1435 in der Donau bei Straubing ertränkt (Nachname) __________
3. Englische Hunderasse __________
4. Erfinder von Bildgeschichten im 19. Jahrhundert (Nachname) __________
5. Gibt es als Gewächs, als Schwanz eines Hasen, als Krönung des Bieres __________
6. Immer wiederkehrende Wurfwaffe (wenn sie richtig angewandt wird) __________
7. Arabisches Mantelgewand mit Kapuze __________
8. Naturfaser __________
9. Augsburger Dichter, Sohn eines Papierfabrikanten __________
10. Verästelungen der Luftröhre __________

Lösungsvorschläge

lenken, schenken, verrenken, senken, einschränken

1. Meister, 2. Becken, 3. Sieger, 4. Wort, 5. Bau, 6. Blech, 7. Taschen, 8. Wort, 9. Wandel, 10. Leiter.

Lichtquellen: Lampe, Kerze, Scheinwerfer, Kronleuchter.
Bodenbeläge: Teppich, Brücke, Parkett, Fliese.
Schreibutensilien: Schreibmaschine, Kugelschreiber, Bleistift, Füller.
Filmzubehör: Negativ, Film, Dia, Foto.

1. Basketball, 2. (Agnes) Bernauer, 3. z.B. Basset, Bulldogge, 4. (Wilhelm) Busch, 5. Blume, 6. Bumerang, 7. Burnus, 8. Baumwolle, 9. Bertolt Brecht, 10. Bronchien.

8 Konzentration Geometrische Figuren

Bitte versuchen Sie, die Dreiecke, Quadrate und Rechtecke in der folgenden Skizze innerhalb von zehn Sekunden zu zählen.

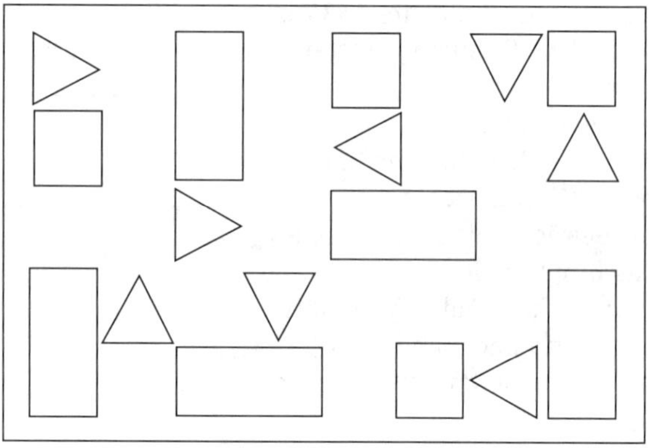

Konzentration Rückwärts lesen

Im folgenden Text sind die einzelnen Worte rückwärts geschrieben. Bitte versuchen Sie, ihn schnell und konzentriert zu lesen.

(1) Eid Edrüw sed Nehcsnem tsi rabtsatnanu. Eis uz nethca dnu uz neztühcs tsi Gnuthcilfprev rella nehciltaats Tlaweg.

(2) Sad Ehcstued Klov tnnekeb hcis murad uz nehcilztelrevnu dnu nehcilreßuärevnu Nethcernehcsnem sla Egaldnurg redej nehcilhcsnem Tfahcsniemeg, sed Snedeirf dnu red Tiekgithcereg ni red Tlew.

(Artikel 1 des Grundgesetzes)

Pseudocodieren Anfangsbuchstaben

8

Versuchen Sie, sich die sieben bevölkerungsreichsten Städte Europas anhand der Anfangsbuchstaben einzuprägen. Bilden Sie mit den Anfangsbuchstaben der Städte Paris, London, Berlin, Madrid, Rom, Barcelona und Hamburg einen Satz und kontrollieren Sie in den nächsten Tagen, ob er Ihnen als Gedächtnisstütze dient.

Wortfindung und Kreativität Wörter

Bitte ergänzen Sie die Konsonanten um beliebig viele Vokale, um möglichst viele Wörter bilden zu können.
Sie können die Reihenfolge der Konsonanten verändern, dürfen aber keine anderen hinzufügen. Jeder der angegebenen Konsonanten darf pro Wort nur einmal verwendet werden.
Ein Beispiel: Gegeben sind die Konsonanten R – N. Es ergeben sich u.a. die Wörter: Nieren, Ren, Arena.
Bitte bilden Sie wie in diesem Beispiel Wörter mit den Konsonanten S – T.

8 Strukturieren
Blöcke bilden

Bitte ordnen Sie nachstehende Begriffe nach inhaltlichen Gesichtspunkten. Es gehören immer vier zusammen. Geben Sie dem Viererpäckchen einen Oberbegriff.

Monitor, Aktenordner, Hängeregistratur, Telefon, Aktenschrank, Tastatur, Diskette, Schreibtisch, Telefax, Aktendeckel, Fernschreiber, Walkie Talkie, Sichthüllen, Zeichenbrett, Prozessor, Bürosessel

Langzeitgedächtnis
Muster erkennen

Versuchen Sie, die folgenden Abkürzungen richtig aufzulösen.

1. NATO ____________________
2. a.D. ____________________
3. Dr. ____________________
4. A ____________________
5. bzw. ____________________
6. MAD ____________________
7. ABS ____________________
8. V.i.S.d.P. ____________________
9. TSV ____________________
10. Str. ____________________

Kurzzeitgedächtnis Bilder 8

Bitte schauen Sie sich das folgende Bild ungefähr 20 Sekunden genau an, verdecken Sie es dann und beantworten Sie bitte die Fragen.

Wieviele Personen stehen am Imbißstand?
Was kostet eine Tasse Kaffee?
Welche Art von Würstchen wird angeboten?
Was kostet eine saure Gurke?

Lösungsvorschläge

Ein möglicher Satz könnte sein: „**P**aul **l**äuft **b**eim **M**arathon, **R**ita **b**ringt **H**andtücher."

Mögliche Lösungen: Ast, Saat, seit, Seite, Asta.

Computer-Zubehör: Monitor, Tastatur, Diskette, Prozessor.
Ordnungsmittel: Aktenordner, Hängeregistratur, Aktendeckel, Sichthüllen.
Büromöbel: Aktenschrank, Schreibtisch, Zeichenbrett, Bürosessel.
Kommunikation: Telefon, Telefax, Fernschreiber, Walkie Talkie.

1. North Atlantic Treaty Organisation (Nordatlantischer Verteidigungspakt), 2. außer Dienst, 3. Doktor, 4. Ampere, 5. beziehungsweise, 6. Militärischer Abschirmdienst, 7. Antiblockiersystem, 8. Verantwortlich im Sinne des Presserechts, 9. Turn- und Sportverein, 10. Straße.

Tips + Anregungen: Zahlen und Daten

Zahlen und Daten sind deshalb schwer zu merken, weil sie sehr abstrakt sind. Sie durch Visualisierungen anzureichern, ist kaum möglich, zumindest für den alltäglichen Gebrauch wenig praktikabel.

Wenn Sie zu den Menschen gehören, die sich Zahlen schwer einprägen, so sollten Sie es einmal mit folgenden Tips versuchen:

■ Wiederholen Sie die Zahlen mehrfach laut oder leise, die Sie sich neu merken wollen. Es ist illusorisch, sich Zahlen dauerhaft einprägen zu wollen, die man gerade *einmal* gehört hat. Meist reicht das bloße Memorieren nicht aus, um Zahlen dauerhaft zu speichern.

■ Schreiben Sie sich die Zahlen auf, die Sie sich merken wollen. Das sichert nicht nur für den Zweifelsfall ab, sondern schafft noch einen zusätzlichen Verarbeitungsweg.

■ Teilen Sie längere Zahlen in Zweier- und Dreiergruppen auf – 322 53 94 statt 3225394 – und gliedern Sie Ziffernfolgen in Zehner und Hunderterzahlen.

■ Unterlegen Sie der Zahl einen Rhythmus oder »verpacken« Sie sie in einen Reim wie das berühmte »333 – bei Issos Keilerei«, das an die historische Schlacht zwischen Griechen und Persern erinnern soll.

■ Verknüpfen Sie die neue Zahl mit alten, Ihnen geläufigen Zahlen. Das kann die eigene Telefon- oder Kontonummer sein, Geburtstage, aber auch markante Feiertage. Das Datum 30.12. prägt sich besser ein, wenn Sie sich bewußtmachen, daß dies der Tag vor Silvester ist.

■ Versuchen Sie, Regelmäßigkeiten festzustellen: auf- oder absteigende Reihen, Halbierungen und Verdoppelungen usw.

Konzentration
Augengymnastik

9

Bitte stellen Sie fest, welcher Buchstabe mit welcher Zahl verbunden ist. Verfolgen Sie die Linien nur mit den Augen.

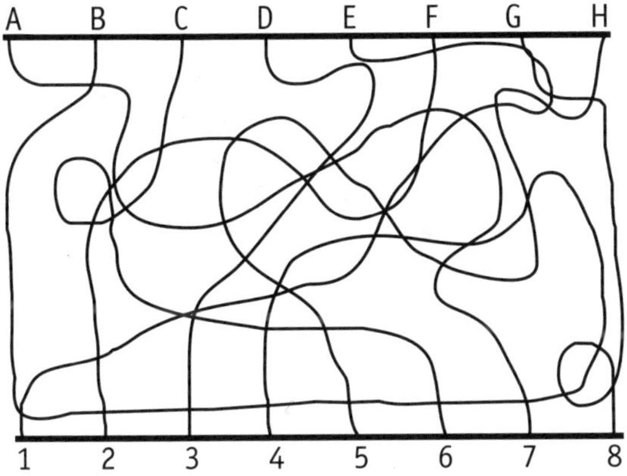

Wortfindung und Kreativität
Wörter

Bitte benutzen Sie die Buchstaben des folgenden Wortes, um daraus möglichst viele andere Wörter zu bilden. Jeder Buchstabe kann allerdings jeweils nur so oft benutzt werden, wie er in dem vorgegebenen Wort vorkommt.
Bei jedem neuen Wort, das Sie bilden, können Sie selbstverständlich wieder alle vorhandenen Buchstaben verwenden.
Ein Beispiel: »Fensterkreuz«
Es ergeben sich u.a. folgende Wörter: Rest, Zeus, Reuse, Nest, Kren, Reet, Teer, Efeu
Bitte verfahren Sie in der eben geschilderten Weise mit dem Begriff *Briefkasten* und finden Sie mindestens zehn neue Begriffe.

9 Wortfindung und Kreativität
Brückenwörter

Bitte suchen Sie das Wort, das mit beiden Wörtern einer Reihe eine sinnvolle Verbindung eingeht. An das erste Wort wird es angehängt, dem zweiten Wort wird es vorangestellt.

1. Welt	______	Mittel	6. Keller	______	Brief
2. Salz	______	Wein	7. Rat	______	Laune
3. Zug	______	Schein	8. Zahn	______	Fahrer
4. Anklage	______	Gelehrter	9. Steuer	______	Haus
5. Bau	______	Schein	10. Pudding	______	Lager

Langzeitgedächtnis
Speicher ausschöpfen

Der Endbuchstabe des Lösungsworts ist der Anfangsbuchstabe des folgenden Lösungswortes.

1. Fahrplan der Deutschen Bundesbahn ______
2. Gewalttätige Fußballfans (engl.) ______
3. Halbgefrorenes, häufig mit Sekt aufgefüllt ______
4. Eignungsprüfung ______
5. Italienische Teigwaren ______
6. Produktgestalter ______
7. Ertrag von Wertpapieren ______
8. Körpergerechte Gestaltung von Arbeitsplätzen ______
9. Verarbeitung von Daten mithilfe von Rechnern (Abkz.) ______
10. Geometrische Formen ______

Kurzzeitgedächtnis - Informationen aufnehmen und wiedergeben 9

Lesen Sie bitte den folgenden Text durch und beantworten Sie dann die Fragen.

Wer lügt am besten?

In einem Großversuch hat der britische Psychologe Richard Wiseman von der Universität von Herfordshire herausgefunden, daß der Wahrheitsgehalt von Informationen, die über das Fernsehen vermittelt werden, schlechter beurteilt werden kann, wie der Wahrheitsgehalt von Radiosendungen oder Zeitungsberichten.

41.000 Teilnehmer an einem Versuch wurden gebeten, den Wahrheitsgehalt zweier Interviews mit einem politischen Kommentator über seine Lieblingsfilme zu beurteilen. In einem log, im zweiten sagte er die Wahrheit. Von den TV-Sehern, erkannten nur ca. 52% das richtige Interview, die Zeitungsleser brachten es auf 64%, die Radiohörer immerhin auf etwa 73%. Die Studie bestätigt, daß die starken optischen Reize des TV-Bildes die Zuschauer vom gesprochenen Text ablenken und irritieren.

Wer hat die Studie erstellt?
Wieviele Teilnehmer wurden befragt?
An welcher Universität wurde die Studie erstellt?
Wieviel Prozent der TV-Zuschauer erkannten das richtige Interview?
Was war der Inhalt der Interviews?

Lösungsvorschläge

A 7, B4, C6, D3, E8, F2, G1, H5.

Mögliche Lösungen: Star, Tier, Nest, Rest, Rast, Ast, Ferien, Bast, frei, reifen.

1. Schmerz, 2. Faß, 3. Führer, 4. Schrift, 5. Gewerbe, 6. Meister, 7. Geber, 8. Rad, 9. Reform, 10. Pulver.

1. Kursbuch, 2. Hooligans, 3. Sorbet, 4. Test, 5. Tortellini, 6. Industriedesigner, 7. Rendite, 8. Ergonomie, 9. EDV, 10. Viereck.

10 Konzentration Zahlen

In dem untenstehenden Quadrat sind die Zahlen 1 bis 40 versteckt. Bitte suchen Sie diese möglichst schnell - vorwärts und rückwärts.

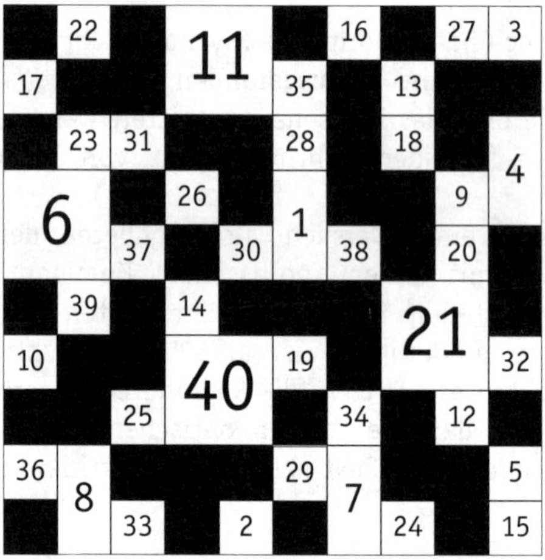

Wortfindung und Kreativität Buchstabenquadrate

Bitte bilden Sie mit den Buchstaben des Quadrates mindestens 20 Wörter. Die Buchstaben können mehrfach verwendet werden. Sie können waagrecht und senkrecht in beide Richtungen gehen, ebenso diagonal, dürfen aber nur jeweils einen Schritt machen, d.h. kein Kästchen überspringen.

B	Z	K	R	M
E	I	T	A	U
G	T	E	G	R
E	N	G	E	T
R	E	I	N	O

Strukturieren Blöcke bilden 10

Untersuchen Sie bitte die vorgegebenen Begriffe auf Gemeinsamkeiten und ordnen Sie sie in das aufgezeichnete Schema ein. Die Kästchen sind für Oberbegriffe vorgesehen, die Sie finden sollen.

Apfelbaum, Tanne, Ahorn, Aprikosenbaum, Pflaumenbaum, Linde, Fichte, Quittenbaum, Buche, Birnbaum, Pfirsichbaum, Lärche.

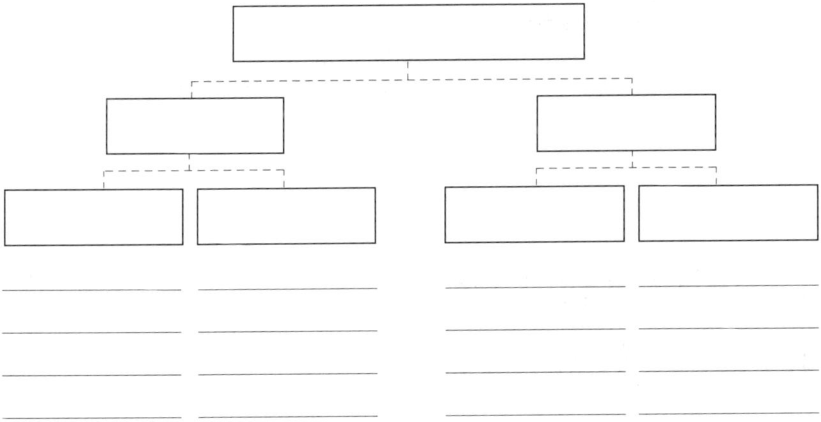

Langzeitgedächtnis Muster erkennen

Vervollständigen Sie bitte die Wörter. Jeder Punkt steht für einen fehlenden Buchstaben.

1. M . . kmal
2. Wo . t . ind . ng
3. K . nzen . rati . .
4. . ele . on
5. . edäc . t . is

10 Langzeitgedächtnis Informationen wiedergeben

„Wer lügt am besten" war der kurze Text des letzten Tages überschrieben. Bitte beantworten Sie die folgenden fünf Fragen und vergleichen Sie Ihre Antworten mit dem Text.

1. *Wieviel Prozent der Radiohörer konnten den Wahrheitsgehalt der Interviews richtig beurteilen?*
2. *Wieviele Interviews wurden den Befragten vorgelegt?*
3. *Wer gab die Interviews?*
4. *Wieviele Personen wurden in der Studie befragt?*
5. *Wer konnte den Wahrheitsgehalt am besten beurteilen?*

Lanzeitgedächtnis Speicher ausschöpfen

Beantworten Sie bitte die Fragen. Jedes Lösungswort fängt mit dem gleichen Buchstaben an.

1. Umgangssprachlich für Gefängnis ________________
2. Slawisches Volk ________________
3. Nachname des Vaters der »Kritik der reinen Vernunft« ________________
4. Gebrannter Zucker ________________
5. Wasserfall in mehreren Absätzen ________________
6. Zertrümmerung eines Atomkerns ________________
7. Tierleiche ________________
8. Eingedickter Milchsaft einiger tropischer Gewächse ________________
9. Hauptstadt von Malaysia ________________
10. Boot der Eskimo Lösungsvorschläge ________________

10

Lösungsvorschläge

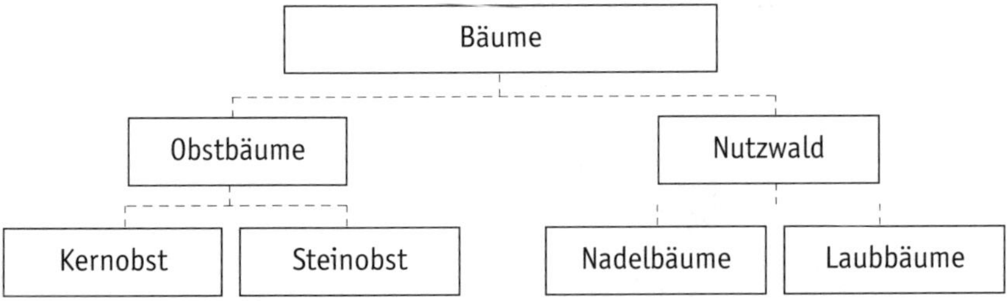

Kernobst	Steinobst	Nadelbäume	Laubbäume
Apfelbaum	Aprikosenbaum	Tanne	Linde
Quittenbaum	Pflaumenbaum	Lärche	Buche
Birnbaum	Pfirsichbaum	Fichte	Ahorn

1. Merkmal, 2. Wortfindung, 3. Konzentration, 4. Telefon, 5. Gedächtnis.

1. Knast, 2. Kroaten, 3. (Immanuel) Kant, 4. Kandis, 5. Katarakt, 6. Kernspaltung, 7. Kadaver, 8. Kautschuk, 9. Kuala Lumpur, 10. Kajak

11 Konzentration Alphabet

Im unten abgebildeten Feld finden Sie alle Buchstaben von A bis Z. Suchen Sie nun alle Buchstaben in der korrekten Reihenfolge und bemühen Sie sich, so schnell wie möglich vorzugehen.

				K					
	A		T				S		O
	Y				I				
		E		R			D		
	H						X		
		N		B		W		J	
	C								P
Q		L			F				
				M		U		G	
		V							Z

Pseudocodieren Reimwörter

Bitte suchen Sie mindestens fünf Reimwörter auf das Wort *Stein*.

Wortfindung und Kreativität
Brückenwörter

11

Bitte suchen Sie das Wort, das mit beiden Wörtern einer Reihe eine sinnvolle Verbindung eingeht. An das erste Wort wird es angehängt, dem zweiten Wort wird es vorangestellt.

1. Maschinen __________ Schein
2. Service __________ Schule
3. Mond __________ Bogen
4. Stamm __________ Freund
5. Funk __________ Schuppen
6. Umwelt __________ Hülle
7. Kunden __________ Mütze
8. Metall __________ Roboter
9. Netz __________ Schutz
10. Daten __________ Schalter

Wortfindung und Kreativität
Schüttelwörter

Bei den Wörtern, deren Buchstaben durcheinander geraten sind, handelt es sich um Krankheiten.

1. RMSANE __________________
2. CHACHSRLA __________________
3. TRKELUOBUSE __________________
4. IPRPEG __________________
5. INAGAN __________________

11 Langzeitgedächtnis Muster erkennen

Bitte vervollständigen Sie die Wortfragmente zu kompletten Wörtern. Jeder Punkt ist ein Buchstabe.

1. Sp . rm . ß . ah . e .
2. . irt . c . a . t
3. G . s . . ze . pa . . t
4. . te . . . r . fo . m
5. S . . w . . zh . . d . e

Langzeitgedächtnis Speicher ausschöpfen

Alle Lösungswörter beginnen mit dem selben Buchstaben.

1. Gewinne aufgrund von Preisschwankungen __________
2. Zukunftsenergie __________
3. Verwundbarste Stelle eines Systems __________
4. Englischer Ausdruck für Alleinlebende __________
5. Negativseite einer Bilanz __________
6. Umstrittene Wiederaufbereitungsanlage in England __________
7. High Tech-Tal in Kalifornien __________
8. Gezielte Unterweisung __________
9. Grundlagenliteratur eines Fachs __________
10. Gespaltene Persönlichkeit __________

11

Lösungsvorschläge

Bein, fein, gemein, allein, Schein

1. Führer, 2. Techniker, 3. Licht, 4. Haus, 5. Geräte, 6. Schutz, 7. Dienst, 8. Industrie, 9. Werk, 10. Bank.

1. Masern, 2. Scharlach, 3. Tuberkulose, 4. Grippe, 5. Angina

1. Sparmaßnahmen, 2. Wirtschaft, 3. Gesetzespaket, 4. Steuerreform, 5. Schwarzhandel

1. Spekulationsgewinne, 2. Solarenergie, 3. Schwachstelle, 4. Single, 5. Soll, 6. Sellafield, 7. Silicon Valley, 8. Schulung, 9. Standardwerk, 10. Schizophrener

12 Konzentration Augengymnastik

Bitte stellen Sie fest, welcher Buchstabe mit welcher Zahl verbunden ist. Verfolgen Sie bitte die Linien nur mit den Augen.

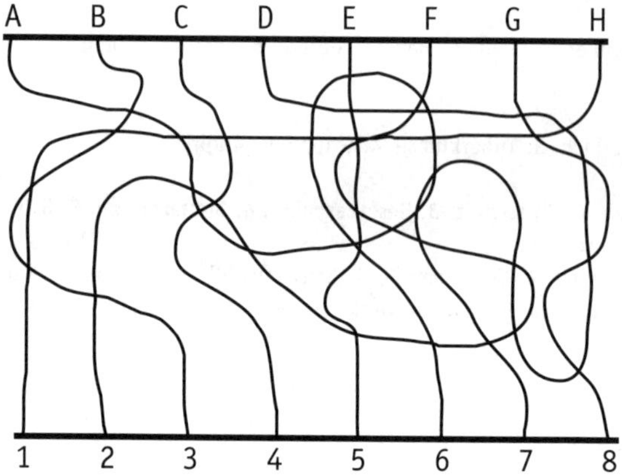

Konzentration Doppelbegriffe

Bitte suchen Sie die Begriffe, die doppelt vorkommen.

Grippe - Neubeginn - Hoffnungen - Wasserschlauch - Indianer - Löschwasser - Entstehung - Hintergrund - Plakate - Ostpolitik - Indianer - Rückwärtsgang - Mischung - Bewegung - Geburtstag - Wasserpumpe - Löschwasser - Silbenrätsel - Wandelhalle - Schreibtisch - Rückwärtsgang - Kühlschrank - Hotelbesitzer - Silbenrätsel - Übermut - Morgenröte - Schreibtisch - Kohlgemüse - Kühlschrank - Computer - Mixtur - Vordergrund

Wortfindung und Kreativität
Synonyme

12

Gesucht sind die im Folgenden umschriebenen Begriffe.

1. Ein Spiegel, der nicht an der Wand hängt ____________
2. Ein Blatt, welches nicht auf dem Baum ist ____________
3. Eine Hose, die man nicht am Leib trägt ____________
4. Eine Brille, die man nicht auf die Nase setzt ____________
5. Einen Drachen, der kein Feuer spuckt ____________

Wortfindung und Kreativität
Wörter

Wir geben Ihnen jetzt drei Wörter. Suchen Sie bitte für jedes Wort mindestens fünf andere Wörter, in denen es enthalten ist.
Ein Beispiel: ohne ist enthalten in Bohne, entlohnen, Drohne, wohnen, belohnen.

1. Bern ________ ________ ________ ________ ________
2. Arm ________ ________ ________ ________ ________
3. Tau ________ ________ ________ ________ ________

12 Kurzzeitgedächtnis Bilder

Schauen Sie sich bitte die unten abgebildeten 12 Gegenstände etwa 30 Sekunden genau an. Verdecken Sie das Bild dann und schreiben Sie alle Gegenstände auf, die Ihnen noch einfallen.

Lösungsvorschläge

A6, B3, C4, D7, E5, F2, G8, H1

Doppelt sind die Begriffe: Indianer, Löschwasser, Rückwärtsgang, Silbenrätsel, Schreibtisch und Kühlschrank.

1. Die Wochenzeitschrift, 2. Blatt Papier, 3. Windhose, 4. Toilettensitz, 5. Papierdrachen.

1. Bern: Ta**bern**akel, **Übern**ahme, wa**bern** ,Scha**bern**ack, **Bern**stein;
2. Arm: Erb**arm**en, Ch**arm**e, C**arm**en, F**arm,** h**arm**los;
3. Tau: S**tau**, **tau**send, Kraf**taus**druck, Ko**tau**, Las**tau**to;

Konzentration
Zahlen 13

Im folgenden Feld können Sie die Zahlen von 1 - 30 finden. Suchen Sie die Zahlen in der richtigen Reihenfolge. Wenn Sie bei 30 angelangt sind, gehen Sie wieder bis zur 1 zurück. Bemühen Sie sich, möglichst schnell zu arbeiten.

Wortfindung und Kreativität
Buchstabenquadrate

Bitte bilden Sie mit den Buchstaben des Quadrates zehn Wörter. Die Wörter sollten mindestens fünf Buchstaben haben. Sie können jeweils ein Kästchen »vorrücken«. Dies kann diagonal, senkrecht und waagerecht in beide Richtungen geschehen. Sie können einen Buchstaben auch mehrfach verwenden, müssen aber das entsprechende Kästchen zunächst verlassen haben.

O	B	R	T
E	I	A	S
R	N	E	U
D	E	A	M

13 Konzentration Geometrische Figuren

Bitte zählen Sie innerhalb von zehn Sekunden, wieviele große, mittlere und kleine Rechtecke im abgebildeten Feld vorhanden sind.

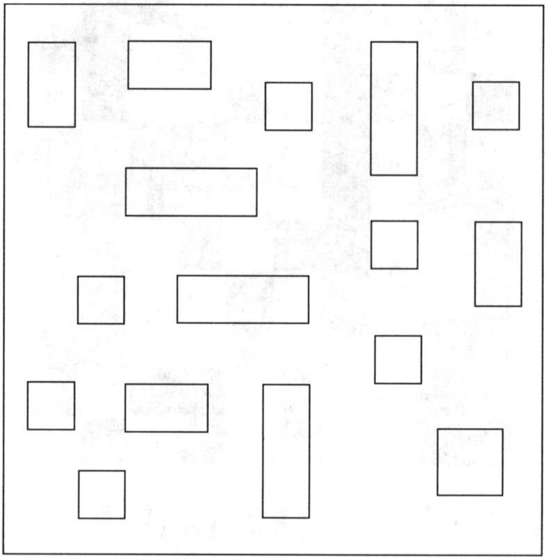

Visualisieren Wortpaare 13

Sie finden im folgenden zehn Wortpaare. Bitte stellen Sie sich die Worte als Bild vor und verknüpfen Sie die zwei Bilder zu einem gemeinsamen Bild. Das so entstehende Bild sollte farbig, detailliert und fantasievoll sein, logisch oder vernünftig muß es nicht sein, kann es oft auch gar nicht. Sobald Sie ein Bild in Ihren Gedanken haben entstehen lassen, gehen Sie zum nächsten Wortpaar. Wenn Sie beim zehnten angelangt sind, verdecken Sie die Paare und ergänzen bei den darunter aufgeführten einzelnen Wörtern das zugehörige Pendant.
Ein Beispiel: Schaum – Duden
Stellen Sie sich eine Badewanne voll mit Schaum vor. Sie können den Duft des Schaums riechen. Im Schaum halb verdeckt ist Ihr neuer Duden mit gelb-schwarzem Einband. Sie sehen, wie die Seiten langsam aufweichen.

Bücherregal	Kaffeekanne
Marionette	Blumenstrauß
Brillenetui	Fernsehmonitor
Kleiderbügel	Kettenhund
Skilift	Bilderrahmen
Notenständer	Treppe
Terrasse	Videorekorder
Kissen	Halsband
Lampenschirm	Koffer
Ofenrohr	Ziegeldach

Bücherregal	______________
Marionette	______________
Brillenetui	______________
Kleiderbügel	______________
Skilift	______________
Notenständer	______________
Terrasse	______________
Kissen	______________
Lampenschirm	______________
Ofenrohr	______________

13 Kurzzeitgedächtnis Bilder

Betrachten Sie aufmerksam das folgende Bild, verdecken Sie es und beantworten Sie bitte die Fragen unter dem Bild. Vergleichen Sie dann Ihre Antworten mit dem Bild.

Wieviele Personen sind auf dem Bild zu sehen?
Wieviele davon sind weiblichen Geschlechts?
Wieviele Personen tragen eine Kopfbedeckung?
Wieviele Krawattenträger sind auf dem Bild zu sehen?
Was trinkt der Pfeifenraucher?

13

Lösungsvorschläge

Lösungsbeispiele: Enkel, Wandel, Onkel, Halunke, Wieland, Eiland, Handel, Sauna, Hilde, Klaus, Elend, Nelke.

Tips + Anregungen: Namen

Probleme beim Behalten von Namen entstehen meistens schon dadurch, daß wir sie von Beginn an nicht richtig oder nur unvollständig wahrnehmen und selten die Zeit oder Motivation haben, Namen nach allen Regeln der Gedächtnispsychologie zu verarbeiten. Wer merkt sich schon zu Beginn eines Telefonats den Namen des Gesprächspartners, wenn man nicht weiß, ob man ihn jemals wieder braucht. Vielleicht stellt sich ja bald im Gespräch heraus, daß man nicht der richtige Ansprechpartner ist.
Selbst bei persönlichen Gesprächen werden Namen schnell von anderen Informationen verdrängt: weitere Personen werden vorgestellt, das Gespräch wird fortgesetzt - der neue Name bleibt im Ultrakurzzeitgedächtnis »hängen« und wird nicht ins Kurzzeitgedächtnis aufgenommen.

- Verschaffen Sie Ihrem Gedächtnis Zeit für die Verarbeitung, indem Sie den Namen nachfragen und wiederholen.

- Gewöhnen Sie sich an, die Namen Ihrer Gesprächspartner aufzuschreiben.

- Wenn Sie keine Gelegenheit zum Schreiben haben, stellen Sie sich vor, wie Sie den Namen aufschreiben.

- Sprechen Sie Ihre Gesprächspartner mit ihren Namen an, um sich die Namen durch den häufigen Gebrauch besser einzuprägen.

- Überlegen Sie Möglichkeiten, wie Sie sich den Namen visualisieren können.

- Lassen Sie sich am Ende des Gesprächs den Namen bestätigen.

- Zu einer guten Gesprächsvorbereitung gehört auch, sich die Namen der Gesprächspartner, soweit sie bekannt sind, bereits vor dem Gespräch einzuprägen.

Konzentration
Begriffe 14

Im folgenden Rechteck sind Begriffe versteckt. Es handelt sich dabei um zehn Maler. Die Worte sind senkrecht, waagerecht und diagonal in beide Richtungen geschrieben. Umlaute sind ausgeschrieben (ä gleich ae, ö gleich oe, ü gleich ue).

M	I	F	L	G	R	S	C	T	C	K	B
N	O	L	D	E	E	A	G	I	R	P	F
N	F	V	E	A	R	G	T	E	I	E	T
A	S	H	S	K	N	E	D	C	O	E	L
M	U	N	C	H	K	D	A	D	N	I	E
R	T	S	M	C	A	S	L	A	E	R	B
E	E	D	A	S	S	E	M	N	R	U	M
B	L	M	A	O	U	T	E	D	R	I	C
E	C	D	I	K	B	C	E	G	H	K	L
I	L	A	D	O	M	O	Q	R	T	V	W
L	X	Y	A	K	Z	A	Q	B	W	C	D

Wortfindung und Kreativität
Brückenwörter

Bitte suchen Sie das Wort, das mit beiden Wörtern einer Reihe eine sinnvolle Verbindung eingeht. An das erste Wort wird es angehängt, dem zweiten Wort der Reihe wird es vorangestellt.

1. Regen ______________ Fortsatz
2. Brillen ______________ Haus
3. Wort ______________ Stand
4. Kunst ______________ Geschäft
5. Leber ______________ Brühe
6. Wasser ______________ Rakete
7. Geld ______________ Blüte
8. Zahlen ______________ Schein
9. Gedächtnis ______________ Anzeige
10. Quark ______________ Kammer

14 Wortfindung und Kreativität
Schüttelwörter

Bei den nachfolgenden Wörtern handelt es sich um Gebäudeteile. Bringen Sie bitte die Buchstaben in die richtige Reihenfolge.

1. SNORTENSICH ______
2. ERADLENTENSEF ______
3. AUGCHEDAB ______
4. EGNORTAGAR ______
5. LAKONB ______

Wortfindung und Kreativität
Synonyme

Gesucht sind die doppelten Bedeutungen der umschriebenen Begriffe.

1. Einen Ton, den man nicht hören kann ______
2. Einen Strauß, den man nicht gepflückt hat ______
3. Einen Kamm, der nicht für's Kämmen gemacht ist ______
4. Ein Schild, das nicht an der Tür ist ______
5. Eine Linse, die nicht schmeckt ______

Kurzzeitgedächtnis Bilder

14

Schauen Sie sich bitte die unten abgebildeten 15 Gegenstände etwa 30 Sekunden genau an. Verdecken Sie das Bild dann und schreiben Sie alle Gegenstände auf, die Ihnen noch einfallen.

Langzeitgedächtnis Bilder

Rufen Sie nochmal das Bild des letzten Tages in Ihr Gedächtnis zurück und beantworten Sie bitte die folgenden Fragen:

Wieviele Raucher sind auf dem Bild und was rauchen Sie?
Wo spielt diese Szene?
Wieviele Personen sind auf dem Bild zu sehen?
Wieviele Brillenträger sind auf dem Bild?

14 Lösungsvorschläge

S											
N	O	L	D	E		A			R	P	
N				A		G			I		T
A				K		E		C	O	E	
M	U	N	C	H	K	D	A		N		
R				C		S		A	E		
E			A	S	S		M		R		
B		M		O							
E				K							
I	L	A	D	O							
L				K							

1. Wurm, 2. Glas, 3. Führer, 4. Maler, 5. Wurst, 6. Träger, 7. Schein, 8. Lotto, 9. Verlust, 10. Speise;

1. Schornstein, 2. Fensterläden, 3. Dachgaube, 4. Garagentor, 5. Balkon;

Lösungsvorschläge: 1. Farbton, 2. Vogel Strauß, 3. Wellenkamm, 4. Straßenschild, 5. Linse in der Optik;

Konzentration Alphabet 15

Im unten abgebildeten Feld finden Sie alle Buchstaben von A bis Z. Suchen Sie nun alle Buchstaben der folgenden Wörter in der richtigen Reihenfolge und bemühen Sie sich, so schnell wie möglich vorzugehen.
Die gesuchten Wörter sind: Ordnungsmittel, Wandervogel, Jugendstil, Wassermann, Baumrinde, Taubenschlag.

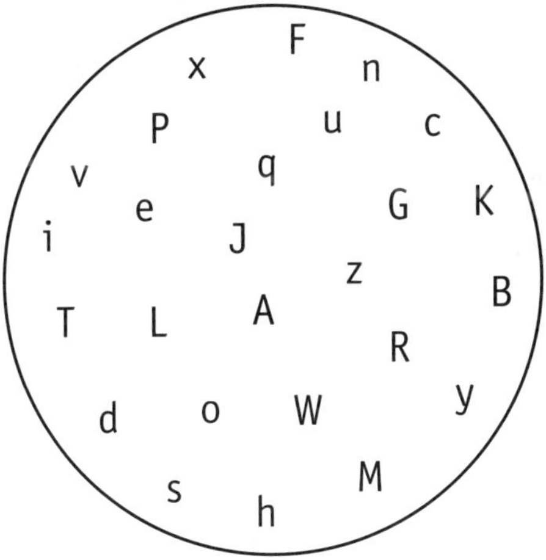

Konzentration Doppelbegriffe

Bitte suchen Sie die Begriffe, die doppelt vorkommen.

Merkmal - Steckbrief - Augenfarbe - Schlagkraft - Tanzschule - Wagentür - Mantelknopf - Merkmal - Wegweisen - Brotbeutel - Aktenmappe - Tanzschule - Wagenheber - Tischdecke - Manschetten - Brotbeutel - Wegweiser - Buchstabe - Tafel - Tischdecke - Serviettenhalter - Zeitung - Zuckerdose - Kinderwagen

15 Visualisieren Wortpaare

Bitte verknüpfen Sie die folgenden zehn Wortpaare jeweils zu einem gemeinsamen Bild und ergänzen Sie dann, nachdem Sie die obere Aufstellung abgedeckt haben, die untenstehenden einzelnen Wörter mit dem zutreffenden Gegenstück.

Flugente	Mülltonne
Kraftwerk	Luftgewehr
Bretterzaun	Stadtplan
Tasse	Aktenordner
Blumentopf	Schreibtisch
Hampelmann	Wagenheber
Lebkuchenherz	Klebestift
Notizbuch	Locher
Bügeleisen	Fensterscheibe
Büroklammer	Scheckkarte

Flugente	__________
Kraftwerk	__________
Bretterzaun	__________
Tasse	__________
Blumentopf	__________
Hampelmann	__________
Lebkuchenherz	__________
Notizbuch	__________
Bügeleisen	__________
Büroklammer	__________

Wortfindung und Kreativität
Buchstabenquadrate

15

Bitte bilden Sie mit den Buchstaben des Quadrates zehn Wörter. Die Wörter sollten mindestens fünf Buchstaben haben. Sie können jeweils ein Kästchen »vorrücken«. Dies kann diagonal, senkrecht und waagerecht in beide Richtungen geschehen. Sie können einen Buchstaben auch mehrfach verwenden, müssen aber das entsprechende Kästchen zunächst verlassen haben.

B	R	U	S
L	A	N	K
M	U	E	T
E	R	L	A

Strukturieren
Blöcke bilden

Die folgenden Begriffe können in vier Gruppen zu je drei Begriffen geordnet werden. Im vorgegebenen Schema stehen die Kästchen für Oberbegriffe, die Sie finden sollen.

Schwein, Katze, Perlhuhn, Reh, Gans, Hirsch, Hund, Huhn, Fasan, Fuchs, Ente, Auerhahn

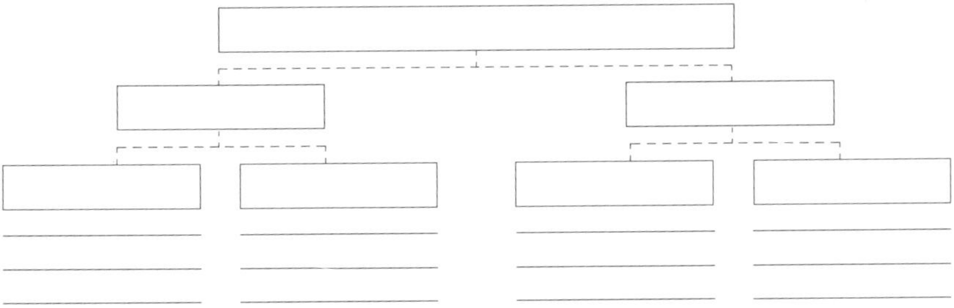

15 Lösungsvorschläge

Doppelt sind die Begriffe Merkmal, Tanzschule, Wegweiser, Brotbeutel, Tischdecke.

Lösungsbeispiele: Braun, Erlen, Mantel, Bauer, Räume, Kerle, Bäume, Ranke, Keule, Taler, Talente

- Tiere
  - Haustiere
    - Vierbeine
      - Schwein
      - Katze
      - Hund
    - Geflügel
      - Huhn
      - Ente
      - Gans
  - Wild
    - Vögel
      - Perlhun
      - Fasan
      - Auerhahn
    - Vierbeiner
      - Reh
      - Hirsch
      - Fuchs

Konzentration Augengymnastik

16

Bitte folgen Sie der Linie von dem Quadrat links oben bis zu dem Quadrat rechts in der Mitte. Überspringen Sie keine Linien und wiederholen Sie die Übung fünfmal hin und zurück.

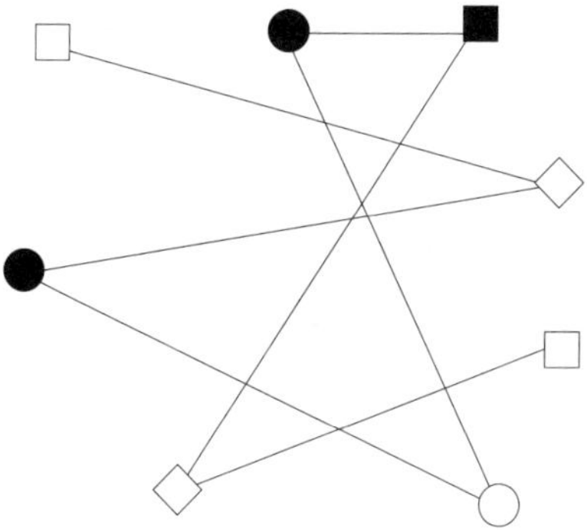

Konzentration Buchstaben austauschen

Im folgenden Artikel sind Buchstaben vertauscht. Nur konzentriertes Lesen kann Ihnen den Sinn erschließen.
Alle E = A; alle A = O; alle U = I; alle O = U; alle I = E.

Selban em Deanst dar Gadächtnesfursching
Ols Votar dar Gadächtnesfursching werd häifeg dar Bormanar Hirmann Abbenghois bazaechnat. Met saenan Salbstvarsichan, met danan ar dan Aenfliß vun Weadarhulingan oif Baholtan ind Vargassan intarsichta, bagründata ar dea Gadächtnesfursching. Zi deasam Zwack larnta ar andlusa Lestan vun sennlusan Selban, dea ois Kunsunontan ind aenam Vukol en dar Metta bastondan. Deasa Selban wea ZUL – KEP – RUB sulltan ubjakteva Argabnessa gorontearan, wael sea em Gangansotz zi „achtan" Wörtarn inbaaenflißt vun Vurkanntnessan ind parsönlechan Assuzeoteunan send.

16 Wortfindung und Kreativität
Schüttelwörter

Bei den nachfolgenden Wörtern sind die Buchstaben durcheinandergeraten. Es handelt sich um Länder.

1. KERUETI ______________________
2. NINEPAS ______________________
3. PYTNEGAE ______________________
4. AMOSILA ______________________
5. TISKNAPA ______________________

Wortfindung und Kreativität
Palindrome

Ein Palindrom ist ein Wort, das, von vorn wie von hinten gelesen, Sinn ergibt, z.B. Otto, Neger.
Bitte suchen Sie mindestens 10 Palindrome.

______________________ ______________________

______________________ ______________________

______________________ ______________________

______________________ ______________________

______________________ ______________________

Kurzzeitgedächtnis Bilder 16

Schauen Sie sich bitte die unten abgebildeten 16 Gegenstände etwa 30 Sekunden genau an. Verdecken Sie das Bild dann und schreiben Sie alle Gegenstände auf, die Ihnen noch einfallen.

16 Kurzzeitgedächtnis Zahlen

Bitte schauen Sie sich die folgenden Zahlen genau an, verdecken Sie dann die Zahlen und kreuzen Sie in der untenstehenden Aufstellung die richtigen unter einer Auswahl ähnlicher Zahlen an.

17.7.1986	6693
24,50 DM	171,53 m
121 m^2	23.1.1953
069/47 44 12	925,83 DM
4589	1592 dz

Bitte kreuzen Sie von den drei zur Auswahl stehenden Zahlen die richtige an.

925,83 DM	27.7.1986	50,24 DM	1592 dz
952,83 DM	17.7.1985	42,50 DM	1692 dz
825,93 DM	17.7.1986	24,50 DM	1952 dz
9366	23.2.1953	121 m	
6963	23.1.1953	121 m^2	
6693	23.2.1954	122 m^2	
069/44 47 11	4799	171,35 m	
069/47 44 11	4589	171,53 m	
069/47 44 12	4859	171,52 m	

Lösungsvorschläge

1. Türkei, 2. Spanien, 3. Ägypten, 4. Somalia, 5. Pakistan;

Leben, Reliefpfeiler, Amme, Regal, Sarg, Ettal, Reittier, Retter, Rebe, Trab;

Konzentration Alphabet 17

Im unten abgebildeten Feld finden Sie alle Buchstaben von A bis Z. Suchen Sie nun alle Buchstaben der folgenden Wörter in der richtigen Reihenfolge und bemühen Sie sich, so schnell wie möglich vorzugehen.

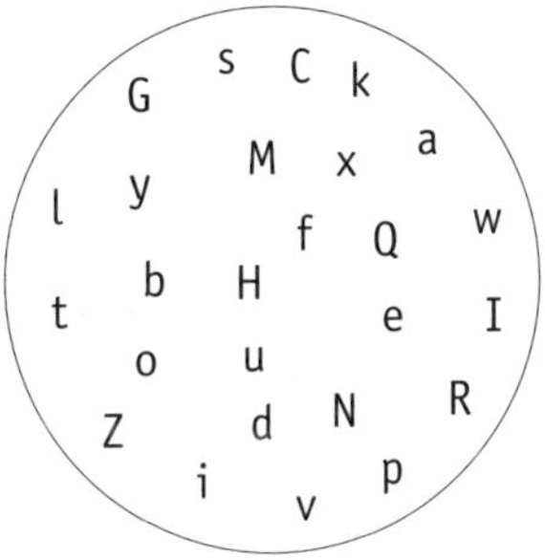

Die gesuchten Wörter sind: Sessellehne, Computergehäuse, Treppenabsatz, Ackermann, Brennstoff, Dauerwurst.

Konzentration Buchstaben zählen

Streichen Sie bitte im folgenden Text alle »e« aus. Es sind insgesamt 104 Stück.

Topfpflanzen im Winter

Wenn es Winter wird, bekommen auch Zimmerpflanzen Probleme. Nicht wegen der Kälte, sondern wegen des Lichts. Viele Pflanzen, deren Standort im Sommer genau richtig war, stehen im Herbst und Winter dann an Plätzen, die zu dunkel, zu warm und zu trocken sind.

Anzeichen dafür können hängende und vergilbte Blätter sein. Treten diese Symptome auf, hilft nur ein Wechsel des Platzes. Denken Sie aber daran, daß viele Pflanzen Heizung nicht vertragen. Sie benötigen einen hellen Platz in einem ungeheizten Raum. Blumen reagieren mit stärkerer Verdunstung auf staubtrockene Luft in geheizten Räumen. Deshalb neben dem Gießen die Pflanzen gelegentlich mit dem Zerstäuber besprühen.

17 Visualisieren Wortpaare

Bitte verknüpfen Sie die folgenden 14 Wortpaare jeweils zu einem gemeinsamen Bild und ergänzen Sie anschließend, nachdem Sie die obere Aufstellung abgedeckt haben, die unten aufgeführten einzelnen Wörter mit dem zutreffenden Gegenstück.

Lineal	Fingernagel
Regenwurm	Sektglas
Kopftuch	Elektroherd
Blumenwiese	Lottotrommel
Aufzug	Eßstäbchen
Glückwunschkarte	Schmetterling
Teppich	Autoradio
Sternschnuppe	Tintenglas
Kugelschreiber	Registrierkasse
Regenrinne	Teddybär
Apfelbaum	Briefwaage
Kettensäge	Felsbrocken
Modellflugzeug	Kofferraum
Einkaufstüte	Schlafsack

Lineal	______________
Regenwurm	______________
Kopftuch	______________
Blumenwiese	______________
Aufzug	______________
Glückwunschkarte	______________
Sternschnuppe	______________
Teppich	______________
Kugelschreiber	______________
Regenrinne	______________
Apfelbaum	______________
Kettensäge	______________
Modellflugzeug	______________
Einkaufstüte	______________

Wortfindung und Kreativität 17
Wörter

Bitte ergänzen Sie die Konsonanten »G - N« durch Vokale, um möglichst viele neue Wörter zu finden.

Strukturieren
Blöcke bilden

Bitte ordnen Sie nachfolgende Begriffe nach Gemeinsamkeiten. Es können vier Viererpäckchen gebildet werden.

Elefant, Heiterkeit, Station, Intendant, Orgie, Spekulant, Fröhlichkeit, Einsamkeit, Konversation, Regie, Transaktion, Langsamkeit, Demonstration, Elegie, Krokant, Magie

17 Langzeitgedächtnis Speicher ausschöpfen

Alle Lösungswörter beginnen mit dem gleichen Buchstaben.

1. Autor des »Teufels General« __________
2. Ehelosigkeit des Klerus __________
3. Wesen halb Mensch halb Pferd __________
4. Beginn der christlichen Zeitrechnung __________
5. Führt magische Handlungen durch __________
6. Preis für geliehenes Kapital __________
7. Eheliches Güterrecht __________
8. Letzte Kaiserin von Österreich __________
9. Märchen, in dem ein Lehrling durch die Anwendung seiner unvollkommenen Kenntnisse in große Not gerät __________
10. Zahl über dem Bruchstrich __________
11. Zusammenlegbarer Maßstab __________
12. Pulverförmig gemahlener Baustoff, der mit Wasser vermischt, steinhart wird __________
13. Kreislauf __________
14. Innenrinde verschiedener Bäume, als Gewürz verwendbar __________
15. Geistige Haltung einer Epoche, eines Zeitabschnittes __________

Lösungsvorschläge

G - N: genau, Neige, Inge, Gin, Augen, Gnu

Einteilung nach Endsilben: -ant, -keit, -tion, -gie;

1. Zuckmayer, 2. Zölibat, 3. Zentaur, 4. Zeitenwende, 5. Zauberer, 6. Zinsen, 7. Zugewinngemeinschaft, 8. Zita, 9. Zauberlehrling, 10. Zähler, 11. Zollstock, 12. Zement, 13. Zyklus, 14. Zimt, 15. Zeitgeist.

18

Konzentration
Geometrische Figuren

Bitte zählen Sie innerhalb von zehn Sekunden, wieviele große, mittlere und kleine Dreiecke im abgebildeten Feld vorhanden sind.

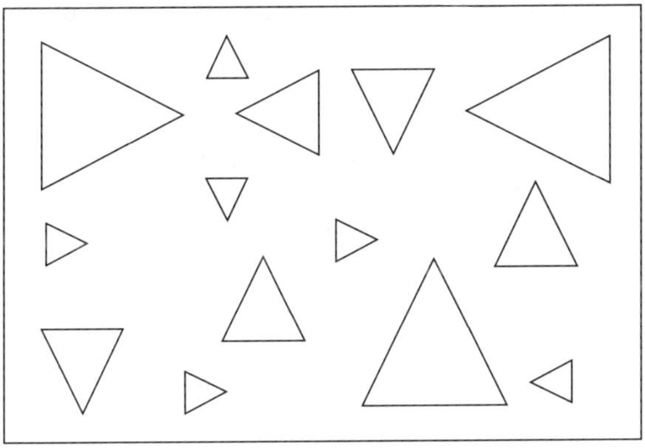

Konzentration
Buchstaben vergleichen

Streichen Sie aus der zweiten Reihe die Buchstaben aus, die sich von der ersten Reihe unterscheiden. Versuchen Sie, die Buchstabengruppen mit einem Blick zu erfassen und innerhalb von ein bis zwei Sekunden den unterschiedlichen Buchstaben zu erkennen.

HJKA	OVRS	MRPE	WUFO	DTNM
KJKA	QVRS	NRRE	UUFC	TDNM
SORI	KNUV	ACDF	XYOZ	HJRT
SORI	KMVU	ABDE	XYPZ	JRRT
BMNO	AVXZ	PQRF	WRNO	LCDG
DNMO	AWXZ	BQRE	VRMO	LCDB

Visualisierung Wortpaare 18

Bitte verknüpfen Sie die folgenden 15 Wortpaare jeweils zu einem gemeinsamen Bild und ergänzen Sie anschließend wieder die einzelnen Wörter unten mit dem dazugehörigen Gegenstück. Im Unterschied zu den gleichartigen Übungen bisher, werden die einzelnen Wörter in einer veränderten Reihenfolge wiedergegeben.

Turnschuh	Telefonhörer
Autoschlüssel	Glashaus
Bierflasche	Taschenrechner
Schreibmaschine	Schallplattenspieler
Gefängnisgitter	Wasserbett
Abendkleid	Zeitung
Wohnzimmer	Puppenhaus
Terminkalender	Mikroskop
Bühnenvorhang	Eisenbahnschwelle
Schaukelstuhl	Brotmesser
Feuerlöscher	Baumhaus
Verbandskasten	Sonnenuhr
Piratenflagge	Krawattennadel
Kartoffel	Radiergummi
Regenschirm	Uhrzeiger

Taschenrechner	______________________
Gefängnisgitter	______________________
Brotmesser	______________________
Uhrzeiger	______________________
Feuerlöscher	______________________
Abendkleid	______________________
Autoschlüssel	______________________
Piratenflagge	______________________
Mikroskop	______________________
Bühnenvorhang	______________________
Telefonhörer	______________________
Schreibmaschine	______________________
Sonnenuhr	______________________
Radiergummi	______________________

Wortfindung und Kreativität
Wörter 18

Bitte bilden Sie mit Hilfe der Konsonanten »K - N - R« möglichst viele neue Wörter, indem Sie sie durch Vokale ergänzen.

Konzentration
Informationen aufnehmen und wiedergeben

Bitte lesen Sie nachfolgende Anzeige sorgfältig durch und beantworten Sie dann die dazu gestellten Fragen.

> SOFTDEV sucht
> Informatiker/innen (auch Berufsanfänger/innen) für die Software-Entwicklung.
> SOFTDEV Deutschland GmbH ist Tochter eines führenden japanischen Elektronik Konzerns.
>
> SOFTDEV entwickelt Programme für naturwissenschaftliche Anwendungen.
> Sie sind dynamisch und innovativ, können selbständig und im Team arbeiten, besitzen gute Englisch-Kenntnisse und sind bereit zu Auslandsreisen.
> Wir bieten leistungsgerechte Bezahlung und ein gutes Betriebsklima.

Was für Programme entwickelt SOFTDEV?
Zu welchem Konzern gehört die Firma?
Was für Eigenschaften werden für die Stelle gefordert?
Was bietet die Firma?

18 Langzeitgedächtnis Muster erkennen

Bitte lesen Sie den Lückentext sorgfältig durch und füllen Sie die Lücken aus.

Beim Abrufen . . . Gespeicherten, muß . . . Gespeicherte gefunden und . . . dem Gedächtnis . . . werden. Dieses Abrufen . . . uns . . . Schwierigkeiten. Oft . . . das Gesuchte in . . . Moment, wo . . . es brauchen . . . auffindbar, Stunden oder Tage später kommt es . . . zum . . . . Um Informationen Bedarf auch abrufen zu . . . , ist . . . wichtig, . . . so einzuspeichern, . . . uns . . . Zugriff auf sie . . . fällt.

Langzeitgedächtnis Speicher ausschöpfen

Der Endbuchstabe des Lösungsworts ist der Anfangsbuchstabe des folgenden Lösungswortes.

1. Moderne Methode, eine Sprache zu lernen ________________
2. Größter vorstellbarer Atomunfall ________________
3. Etwas zweckentfremden ________________
4. Nur dem Namen nach bestehend ________________
5. Sprachwissenschaft ________________
6. Voraussetzung guter Gedächtnisleistung ________________
7. Geheimnisvoll, verworren ________________
8. Etwas rückgängig machen ________________
9. Der auf einem Wertpapier aufgedruckte Wert ________________
10. Schwärzliche Krabbe ________________

18

Lösungsvorschläge

K - N - R: Anker, Ranke, Ränke, Kran, Kren, Koran, Orkan, küren;

Beim Abrufen *des* Gespeicherten muß *das* Gespeicherte gefunden und *aus* dem Gedächtnis *abgerufen* werden. Dieses Abrufen *bereitet* uns *oft* Schwierigkeiten. Oft *ist* das Gesuchte in *dem* Moment, wo *wir* es brauchen, *nicht* auffindbar, *jedoch* Stunden oder Tage später kommt es *plötzlich* zum *Vorschein*. Um Informationen *bei* Bedarf auch abrufen zu *können*, ist *es* wichtig, *diese* so einzuspeichern, *daß* uns *der* Zugriff auf sie *leicht* fällt.

1. Superlearning, 2. GAU, 3. umfunktionieren, 4. nominell, 5. Linguistik, 6. Konzentration, 7. nebulös, 8. stornieren, 9. Nennwert, 10. Taschenkrebs

Tips + Anregungen
Vergeßlichkeit – Zerstreutheit

Es gibt Menschen, die keine Probleme mit ihrem Gedächtnis haben, wenn es um eine intellektuelle Leistung geht, jedoch im Alltag vergeßlich und zerstreut sind. Sie lassen ständig irgendwo ihren Regenschirm stehen, schlagen die Haustüre zu, ohne ihren Schlüssel eingesteckt zu haben, suchen verzweifelt ihre Brille. Erledigungen, Anrufe, Besorgungen vergessen sie, wichtige Termine fallen ihnen nicht mehr ein.
Das Problem dieser Menschen ist nun nicht, daß Informationen nicht aus ihrem Langzeitspeicher abgerufen werden können, vielmehr geht es darum, daß sich Informationen im richtigen Moment in ihr Bewußtsein »einschalten«, um eine angemessene Reaktion auszulösen. Der Grund, daß dieses »Einschalten« nicht stattfindet, ist häufig Überlastung. Man ist zerstreut - im Wortsinn genau das Gegenteil von konzentriert.

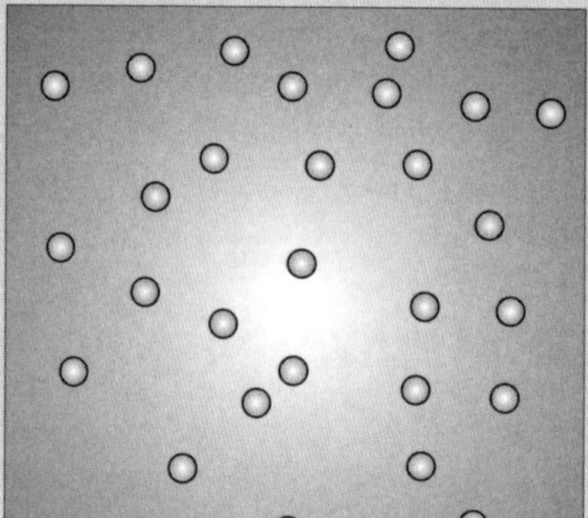

zerstreut

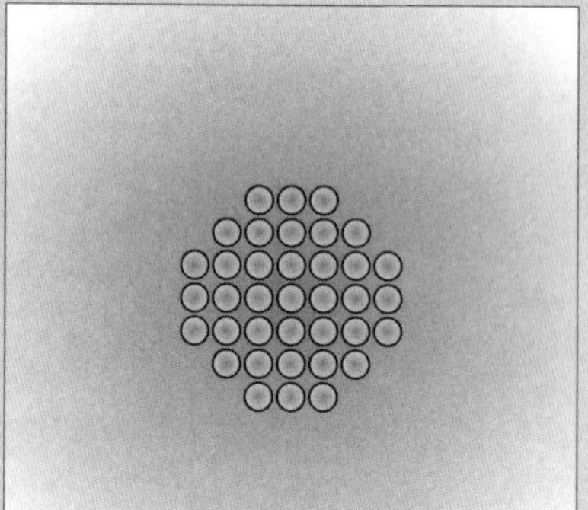

konzentriert

Vielleicht nimmt man auch die »kleinen« Dinge des Alltags nicht wichtig genug, weil man mit »großen« Plänen und Entscheidungen beschäftigt ist.

Kehren bestimmte Vergeßlichkeiten ständig wieder, sollten Sie versuchen, *Routinen aufzubauen*, sich zu konditionieren.
Der Reiz »Türklinke« muß in Ihnen die Reaktion »Schlüssel einstecken« auslösen. Eine Hilfe beim Aufbau von Routinen ist, sich feste Plätze für Gegenstände zu schaffen, eine Abfolge von Handlungen genau festzulegen, diese Abfolge anfangs zu verbalisieren und gegebenenfalls sogar schriftlich zu fixieren, um mehrere Eingangskanäle zu nutzen.
Bei einmaligen Angelegenheiten, ein Anruf, der erledigt werden muß, der wichtige Geburtstag, der nicht vergessen werden darf, hilft meistens ein gut geführter Terminkalender. Gelegentlich steht dieser allerdings nicht zur Verfügung. Wenn Sie beispielsweise auf dem Nachhauseweg noch etwas erledigen müssen, hilft - um dem Vergessen vorzubeugen - nur der »Knoten im Taschentuch«.
Effektivere Alternativen sind, die Armbanduhr an die andere Hand zu binden, den Schlüssel aus der gewohnten Hosentasche in die ungewohnte zu stecken; allgemein gesprochen: das Durchbrechen fester Gewohnheiten, die einen ständig begleiten. Sie setzen damit Signale, die dann die Erinnerung stimulieren.

19 Konzentration Buchstaben ausstreichen

Bitte streichen Sie im folgenden Text alle »i«, unabhängig davon, ob sie groß oder klein geschrieben sind. Es sind insgesamt 69 Stück.

Hund und Katze

Besitzer von Katzen meinen oft, ihre Lieblingstiere könnten Hunde nicht ausstehen. In Wirklichkeit vertragen sich beide recht gut, wenn man sich die Mühe gemacht hat, die beiden Vierbeiner richtig aneinander zu gewöhnen. In der ersten Zeit sollte man sie getrennt halten, so daß sie sich nicht sehen können, aber sich an die Laute und den Geruch des anderen Tieres gewöhnen können. Am leichtesten lassen sich die Tiere zusammenbringen, wenn sie unterschiedlichen Geschlechts sind oder wenn es sich um erwachsene Hunde mit jungen Katzen handelt. Hunde scheinen im allgemeinen eher bereit zu sein, Katzen anzunehmen als umgekehrt. Von großer Bedeutung ist die erste Begegnung. Katzen sollten zunächst vor der Neugier des Hundes geschützt werden, weil sie leicht ein Spiel mit einem ernsthaften Jagen verwechseln. Die Katze deshalb am besten zunächst auf dem Arm halten und sie vom Hund vorsichtig beschnuppern lassen. Es sollte immer darauf geachtet werden, daß Liebkosungen gleich verteilt werden, damit keine Eifersucht unter den Tieren aufkommen kann.

Konzentration Buchstaben vergleichen 19

Streichen Sie bitte in der zweiten Reihe die Buchstaben aus, die nicht mit denen der ersten Reihe identisch sind. Versuchen Sie die Buchstabengruppe, die jeweils vier Buchstaben umfassen, mit einem Blick zu erfassen. Sie sollten pro Buchstabengruppe nicht mehr als ein bis zwei Sekunden benötigen, um die Unterschiede anzukreuzen. Kontrollieren Sie dann, ob Sie alle unterschiedlichen Buchstaben angestrichen haben.

SRUG	BRUI	OPDG	WEGV	ÖAÜQ
SRVG	RBUI	OBDC	VEGW	ÖAUQ
XYTD	FHKÖ	QEZO	ADGJ	YCNL
XYTD	EHKÜ	OFZO	ADCI	YGML
WAXV	RGDB	ZTJG	RIFM	OESJ
WAXU	BGDB	TZJG	RIEN	ÖESJ

19 Visualisieren Symbole

Visualisieren als Merkhilfe einzusetzen, scheitert im Alltag oft daran, daß wir es nicht ausschließlich mit konkreten Begriffen zu tun haben, die sich mit etwas Übung leicht als Bilder denken lassen. Bei abstrakten Begriffen kommt es darauf an, einen treffenden »Stellvertreter« zu finden, der als Symbol für den abstrakten Begriff dienen kann.
Glück ließe sich beispielsweise als Kleeblatt, Freiheit als Freiheitsstatue und Kraft als mächtiger Bizeps verbildlichen.
Bitte versuchen Sie für die folgenden zehn Begriffe ein bildliches Symbol zu finden:

1. Wert ______________________
2. Gewissen ______________________
3. Liebe ______________________
4. Intelligenz ______________________
5. Habgier ______________________
6. Haß ______________________
7. Stolz ______________________
8. Nationalgefühl ______________________
9. Solidarität ______________________
10. Weitblick ______________________

Wortfindung und Kreativität
Wortanfänge und -endungen

19

Bitte suchen Sie mindestens 15 Wörter, die mit S anfangen und mit N aufhören.

1. S ____________________ N
2. S ____________________ N
3. S ____________________ N
4. S ____________________ N
5. S ____________________ N
6. S ____________________ N
7. S ____________________ N
8. S ____________________ N
9. S ____________________ N
10. S ____________________ N
11. S ____________________ N
12. S ____________________ N
13. S ____________________ N
14. S ____________________ N
15. S ____________________ N

Wortfindung und Kreativität
Wörter

Bitte benutzen Sie die Buchstaben des Wortes *Sportwagen*, um mindestens zehn neue Wörter zu bilden, z. B. Rose usw.

____________________ ____________________

____________________ ____________________

____________________ ____________________

____________________ ____________________

____________________ ____________________

19 Strukturieren Blöcke bilden

Bitte ordnen Sie nachfolgende Begriffe nach Gemeinsamkeiten. Es können vier Viererpäckchen gebildet werden.

Kettenhund, Saatgut, Kümmel, Meerwasser, Backpulver, Adlerhorst, Sammeltasse, Pickelhaube, Moorleiche, Steinzeitmensch, Tuffstein, Reetdach, Kastenwagen, Listenpreis, Rückenschmerzen, Stockwerk

Langzeitgedächtnis Speicher ausschöpfen

Bitte ordnen Sie die Straßen, Plätze und Sehenswürdigkeiten den zugehörigen Städten zu.

Atomium	Peking
Centre Pompidou	Stuttgart
Ginza	Moskau
Platz des himmlischen Friedens	Tokio
Holstentor	New York
Hafenstraße	Paris
Cannstatter Wasen	München
Theresienwiese	Brüssel
Wall Street	Lübeck
Roter Platz	Hamburg

Lösungsvorschläge

19

Lösungsbeispiele: 1. mehrere Goldbarren, 2. ein zweites nebelhaftes ICH, 3. zwei Herzen, 4. Bild von Einstein, 5. Dagobert Duck, 6. verzerrtes Gesicht, 7. stolzierender Hahn, 8. deutsche Flagge, 9. verschränkte Hände, 10. Fernrohr;

suchen, Sinn, Schwan, Stern, Stirn, schon, Stein, sehen, stochern, Staunen, stauben, Schein, Salon, Simon, Schwein;

Sportwagen: Pose, Weg, Nager, Pore, Tresor, Gras, Sorgen, Tor, Sorte, Worte;

Es kann nach Doppelkonsonanten (mm, tt, usw.), Doppelvokalen, (oo, aa usw.), Wörtern mit ck und Wörtern mit st geordnet werden.

Atomium - Brüssel, Centre Pompidou - Paris, Ginza - Tokio, Platz des himmlischen Friedens - Peking, Holstentor - Lübeck, Hafenstraße - Hamburg, Cannstatter Wasen - Stuttgart, Theresienwiese - München, Wall Street - New York, Roter Platz - Moskau

20 Konzentration Ziffern

Markieren Sie bitte alle Zahlen, die ausschließlich aus geraden Ziffern bestehen.

3254	6758	6758	4626	4352	1236	2134	9867	5921	5619	4352
6446	2378	9817	4637	1298	7584	9812	2468	6478	6633	2133
7668	4663	1234	1567	9887	6578	5379	8462	3156	7986	5312
7648	9876	4224	3134	5674	4356	8932	5216	7584	6442	5973
9779	7564	5241	4235	6854	3145	7986	5332	5313	9756	8241
9776	7442	6424	9757	8543	1324	1222	1345	6453	2424	6547
8689	8675	4663	2451	9741	9142	7589	5342	3467	6846	8846

Es sind insgesamt zehn Zahlen, die nur aus geraden Ziffern bestehen.

Visualisieren Wortketten

Wenn Sie sich Begriffe in einer festgelegten Reihenfolge einprägen wollen, bietet sich die *Kettenworttechnik* an. Dabei wird jeder Begriff visualisiert und mit den folgenden zu einem gemeinsamen Bild verknüpft.

Lesen Sie sich bitte die folgenden zehn Begriffe einmal durch und verknüpfen Sie jeden Begriff bildhaft mit dem darauffolgenden. Verbinden Sie den letzten Begriff auf dieselbe Art und Weise mit dem ersten und schreiben Sie dann möglichst alle Begriffe wieder auf.

Reisetasche - Wurstbrot - Korkenzieher - Einwohnermeldeamt - Wohnhaus - Stammbaum - Feinkostgeschäft - Mastochse - Kleeblatt - Wachtelei

Wortfindung und Kreativität
Mittelteile

20

Bitte suchen Sie mindestens zehn Wörter, in denen »an« enthalten ist, z.B. K*an*te, Girl*an*de.

1.__________an__________ 6. __________an__________

2.__________an__________ 7. __________an__________

3.__________an__________ 8. __________an__________

4.__________an__________ 9. __________an__________

5.__________an__________ 10. __________an__________

Wortfindung und Kreativität
Wörter

Bitte benutzen Sie die Buchstaben des Wortes *Türsteher*, um mindestens zehn neue Wörter zu bilden, z.B. Heer usw.

20 Kurzzeitgedächtnis, Informationen aufnehmen und wiedergeben

Bitte lesen Sie die folgenden Personenbeschreibungen. Verdecken Sie diese dann und beantworten Sie die Fragen.

Egon Schubanski, 29 Jahre alt, Werkzeugmacher, arbeitet seit 5 Jahren in der Firma UMWELTEC. Er besucht dreimal die Woche die Abendschule mit dem Ziel, Ingenieur zu werden.

Xaver Maier, 45 Jahre, leitet das Rechenzentrum der Firma UMWELTEC, fährt einen Sportwagen und ist ständig knapp bei Kasse. Im Winter fährt er Ski, im Sommer surft er auf den bayerischen Seen.

Daniela Wolf, 36 Jahre, Abitur, kaufm. Lehre, bei der Firma UMWELTEC als Personalreferentin tätig, bildet sich in der Freizeit weiter und geht viel Schwimmen.

Wolfgang Schröder, 57 Jahre alt, Industriemeister und seit der letzten Betriebsratwahl freigestellter Betriebsrat. Er freut sich auf seinen Ruhestand, weil er dann endlich mehr Zeit für seinen Garten hat.

Paul Krems, 45 Jahre alt, hat die Firma vor 8 Jahren von seinem Vater übernommen und die Produktpalette auf Umwelttechnik hin verändert.

Sonja D'all Zennaro, Endzwanzigerin, rechte Hand des Firmeninhabers hat den Terminkalender voll im Griff und weiß genau, was in den Firmengängen gemunkelt wird.

Wie heißt die Firma, in der die sechs Personen arbeiten?
Wie heißt die Personalreferentin?
Welchen Sport betreibt Xaver Maier?
Wie alt ist Wolfgang Schröder und worauf freut er sich?
Wann hat der gegenwärtige Firmeninhaber die Firma übernommen?
Wie heißt die rechte Hand des Firmeninhabers?

Langzeitgedächtnis Zusammenführen 20

Bitte schließen Sie aus jeweils vier Stichwörtern auf ein bestimmtes Bühnenstück.

1. Feldherr, Astrologie, Mörder, Schweden ____________
2. Gutsbesitzer, Schnaps, Verlobungsfeier, Tagelöhner ____________
3. China, Minister, Herzenskälte, Rätsel ____________
4. Braut, Seeräuber, Flucht, Mohr ____________
5. Vogelfänger, Schlange, Mohr, Tempel ____________

Lösungsvorschläge

Tante, Wand, Hand, Sand, Rand, Tand, Bande, Kantate, Bekannte, lang, schlank.

Retter, Setter, Herr, Teer, Ster, Reet, Rest, Rest, erst, Ehe.

1. Wallenstein, 2. Herr Puntila und sein Knecht Matti, 3. Turandot, 4. Entführung aus dem Serail, 5. Die Zauberflöte.

21 Konzentration Geometrische Figuren

Bitte zählen Sie, wieviele Quadrate im abgebildeten Feld zu sehen sind.

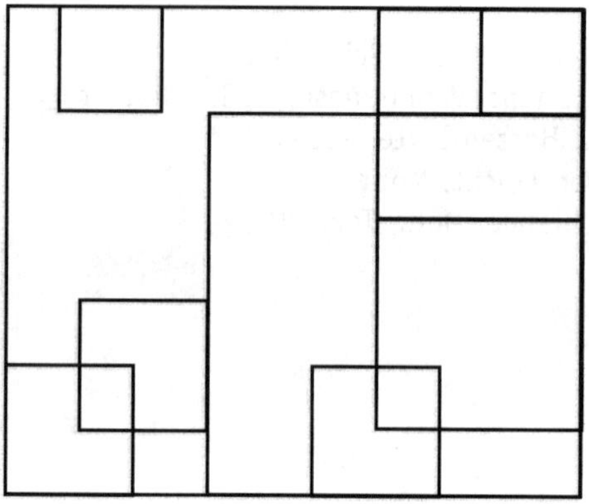

Pseudocodieren Reimwörter

Bitte suchen Sie mindestens fünf Reimwörter auf das Wort *krank*.

Wortfindung und Kreativität
Wörter

21

Bitte ergänzen Sie die Konsonanten »F-H-R« mit Vokalen, um möglichst viele Wörter neu zu bilden.

Wortfindung und Kreativität
Sinnverwandte Ausdrücke

Bitte suchen Sie für jedes genannte Wort mindestens drei sinnverwandte Ausdrücke.

Zuchthaus			
rufen			
trinken			
Berg			
rennen			

21 Kurzzeitgedächtnis Bilder

Bitte schauen Sie sich das folgende Bild aufmerksam an, verdecken Sie es dann und beantworten Sie bitte die Fragen, die Sie unter dem Bild lesen können.

Wieviele Personen sind auf dem Bild zu sehen?
Welches Muster hat das Kleid der Frau?
Welche Frisuren haben die abgebildeten Personen?
Wieviele Brillenträger sind zu sehen?
Wodurch unterscheiden sich die Sitzgelegenheiten?

Langzeitgedächtnis Muster erkennen 21

Bitte vervollständigen Sie die Wortfragmente zu kompletten Wörtern. Jeder Punkt ist ein Buchstabe.

1. S . i .z . . t . .hn . . . g . e
2. . xpo . . b . sc . . ä . . u . g
3. W . . . . c . a . tsw . . hs . . m
4. Na . h . i . ht . . ag . n . u .
5. . oop . r . t . o . . . bk . m . e .

Lösungsvorschläge

Es sind insgesamt 13 Quadrate.

Gestank, Punk, Bank, rank, Dank.

Fuhre, Harfe, Fähre, (Andreas) Hofer, Hafer.

1. Knast, Bau, Gefängnis; 2. schreien, brüllen, plärren; 3. saufen, schlürfen, hinunterschütten; 4. Hügel, Erhebung, Gebirge; 5. laufen, sprinten, wetzen.

1. Spitzentechnologie, 2. Exportbeschränkung, 3. Wirtschaftswachstum, 4. Nachrichtenagentur, 5. Kooperationsabkommen.

22 Konzentration Alphabet

In der Abbildung unten finden Sie alle Buchstaben von A bis Z. Suchen Sie nun alle Buchstaben in der korrekten Reihenfolge und bemühen Sie sich, so schnell wie möglich vorzugehen.

Konzentration Tagesablauf

Bitte versuchen Sie, den Tagesablauf Ihres gestrigen Tages stundenweise zu rekonstruieren, ohne Ihren Terminkalender zu Rate zu ziehen.

8.00 Uhr	16.00 Uhr
9.00 Uhr	17.00 Uhr
10.00 Uhr	18.00 Uhr
11.00 Uhr	19.00 Uhr
12.00 Uhr	20.00 Uhr
13.00 Uhr	21.00 Uhr
14.00 Uhr	22.00 Uhr
15.00 Uhr	

Wortfindung und Kreativität
Brückenwörter

Bitte suchen Sie das Wort, das mit beiden Wörtern einer Reihe eine sinnvolle Verbindung eingeht. Das neue Wort soll an das erste Wort der Reihe angehängt werden und beim zweiten Wort der Reihe den Anfang bilden.

1. Streichholz	___________	Halm
2. Zirkus	___________	Stange
3. Schimmel	___________	Marke
4. Quadrat	___________	Gemüse
5. Schlag	___________	Brühe
6. Spiegel	___________	Auge
7. Märchen	___________	Gemahl
8. Kissen	___________	Gemälde
9. Tee	___________	Tier
10. Schiller	___________	Pracht

Strukturieren
Blöcke bilden

Bitte ordnen Sie nachfolgende Begriffe nach Gemeinsamkeiten. Es können drei Viererpäckchen gebildet werden. Denken Sie daran: Es kann nicht nur nach inhaltlichen Kriterien geordnet werden!

Frau, Vase, Mannheim, Ablage, Kartoffel, Mann, Bonn, Schachtel, Finanzamt, Gabel, Suppengrün, Köln

22 Kurzzeitgedächtnis Informationen aufnehmen und wiedergeben

Bitte lesen Sie den folgenden Text sorgfältig durch, verdecken Sie ihn dann und beantworten Sie die Fragen zu dem Text.

Ist das Buch noch zu retten?
Eine kürzlich veröffentlichte Leseanalyse ergab, daß Deutschland in den letzten 25 Jahren einen Zuwachs an Lesern von 20 Prozent hatte. Rund 70 Prozent der Erwachsenen sind nach dieser Studie Buchleser. Allerdings ist die Freude nicht ungetrübt. Betrachtet man die Lesefrequenz, sieht man, daß der hohe Anteil von Buchlesern wenig aussagekräftig ist. In diesen 70 Prozent sind nämlich auch die Leser enthalten, die nur einmal pro Jahr ein Buch in die Hand nehmen. Tatsächlich sind es nämlich nur 18 Prozent, die in Deutschland täglich in einem Buch lesen. Damit bildet Deutschland das europäische Schlußlicht. In Frankreich und Spanien sind es 40 Prozent, in England sogar 49 Prozent. Auch die durchschnittlichen Lesezeiten der deutschen Leser liegen mit 51 Minuten unter dem Schnitt ihrer europäischen Nachbarn. Ein Trost ist vielleicht, daß die Deutschen auch weniger fernsehen: Während die Holländer beispielsweise täglich 146 Minuten vor dem Apparat sitzen, ist der durchschnittliche Fernsehkonsum der Deutschen mit 131 Minuten niedriger. Ähnlich sieht es beim „Verbrauch" von Zeitungs- und Zeitschriftenlektüre aus. Zwar informieren sich 97 Prozent der Deutschen regelmäßig in Zeitungen und Zeitschriften, verbringen damit aber mit 36 Minuten erheblich weniger Zeit als die anderen Europäer.

Wie hoch ist der Zuwachs an Lesern in Deutschland in den letzten 25 Jahren?
Wieviel Prozent der Deutschen lesen täglich ein Buch?
Wer hat unter Europäern den geringsten Fernsehkonsum?
Wieviel Zeit verbringen die Deutschen durchschnittliche mit ihrer täglichen Zeitungslektüre?
Worin bildet Deutschland das europäische Schlußlicht?

Langzeitgedächtnis Bilder 22

Erinnern Sie sich noch an das Bild des gestrigen Tages?
Beantworten Sie bitte die folgenden Fragen und vergleichen Sie Ihre Antworten mit dem Bild.

Wieviele Tassen sind auf dem Tablett zu sehen?
Was befindet sich auf dem Tisch?
Wieviele Personen sind zu sehen?
Wodurch unterscheiden sich die Sitzgelegenheiten?

Lösungsvorschläge

1. Schachtel, 2. Zelt, 3. Käse, 4. Wurzel, 5. Kraft, 6. Glas, 7. Prinz, 8. Schlacht, 9. Beutel, Wasser, Haus, 10. Locken.

Es kann nach einsilbigen, zweisilbigen und dreisilbigen Wörtern geordnet werden.

23 Konzentration Zahlen

Im folgenden Feld können Sie die Zahlen von 1-30 finden. Suchen Sie die Zahlen in der richtigen Reihenfolge. Wenn Sie bei 30 angelangt sind, gehen Sie wieder bis zur 1 zurück. Bemühen Sie sich, möglichst schnell zu arbeiten.

Konzentration Ziffern vergleichen

Streichen Sie bitte die Ziffern der zweiten Reihe aus, die nicht mit denen der ersten Reihe identisch sind.

4633	2468	9870	3613	4115	6884	2576	9013	5476
4632	2648	9807	6113	4115	6848	2567	9031	4567
5551	4578	5001	6565	3271	8635	5224	9876	2351
5552	4758	5010	6565	3771	8635	2554	9786	3215

Visualisieren Wortketten 23

Bitte prägen Sie sich die folgenden zehn Wörter mit der Kettenworttechnik ein.

Wörterbuch - Hängeschrank - Holzscheit - Gipsbüste - Papierkorb - Kopfstand - Mausefalle - Hosengürtel - Schere - Kürbis

Wortfindung und Kreativität Wörter

Bitte benutzen Sie die Buchstaben des Wortes *Raumschiff*, um mindestens zehn neue Wörter zu bilden, z.B. Maus, usw.

23 Wortfindung und Kreativität
Sinnverwandte Ausdrücke

Bitte suchen Sie für jedes genannte Wort mindestens drei sinnverwandte Ausdrücke.

1. Anfang ______________________________
2. Fest ______________________________
3. bitten ______________________________
4. sterben ______________________________
5. töten ______________________________

Langzeitgedächtnis
Informationen wiedergeben

Erinnern Sie sich noch an den Text „Ist das Buch noch zu retten"? Bitte beantworten Sie noch einmal einige Fragen zu dem Text.

Wie lange sitzen die Deutschen im Tagesdurchschnitt vor dem Fernseher?
In welchem Land lesen die Menschen am häufigsten täglich ein Buch?
Wie lange lesen die Deutschen durchschnittlich am Tag in einem Buch?
Wie hoch ist der Anteil der Zeitungsleser in Deutschland?
Wieviel Zeit verbringen die Deutschen mit ihrer Zeitungslektüre?

Kurzzeitgedächtnis Bilder

23

Betrachten Sie die folgenden 15 Gegenstände und prägen Sie sie sich in der dargestellten Reihenfolge ein. Verdecken Sie dann die Gegenstände und numerieren Sie richtig von 1 bis 15 die folgenden Gegenstände.

23 Lösungsvorschläge

Saum, Riff, Mus, Rum, Arm, Farm, Rauch, Fisch, frisch, rasch, Scham.

1. Beginn, Start, Alpha; 2. Feier, Fete, Party; 3. flehen, betteln, beknien; 4. heimgehn, das Zeitliche segnen, dran glauben müssen; 5. ins Jenseits befördern, umbringen, niedermetzeln.

Tips + Anregungen
Richtiges Wiederholen

Das Memorieren, also das mechanische Auswendiglernen ist die Gedächtnisstrategie, die uns aus der Schule vertraut ist. Sie hat allerdings zwei Nachteile:

- Informationen werden in der Regel in einer fixen Reihenfolge gelernt und sind dann unabhängig von dieser Reihenfolge schwer abrufbar.
- Informationen werden nicht mehrfach codiert und deshalb nicht tief genug verarbeitet. Informationen, die nur auswendig gelernt werden, werden besonders leicht vergessen. Forschungen haben ergeben, daß bereits nach 1 Tag etwa 60% des Gelernten vergessen ist, nach 8 Tagen etwa 80%.

Diese *Vergessenskurve* gilt selbstverständlich nur für nicht angereicherte und dadurch tiefer verankerte Informationen.

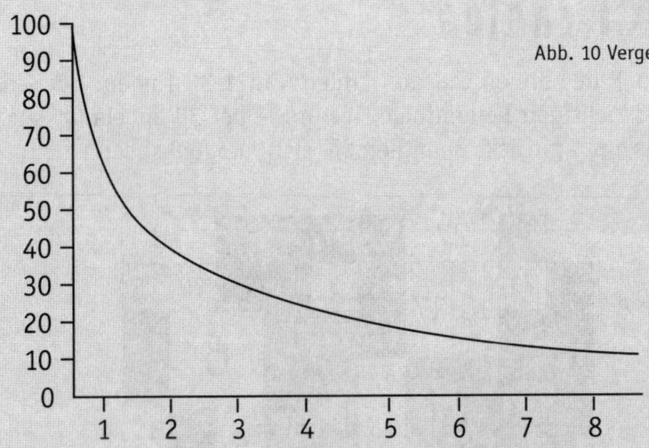

Abb. 10 Vergessenskurve

Wenn Sie Fakten auswendig lernen müssen, helfen Ihnen folgende Regeln:

- Teilen Sie Lernmaterial in kleine Portionen auf!
- *Überlernen* Sie nicht! Hören Sie auf, wenn Sie das, was Sie lernen wollten »intus« haben!
- Planen Sie eine erste Wiederholung nach 20-30 Minuten ein. Die nächste Wiederholung sollte dann am nächsten Tag erfolgen. Danach können die zeitlichen Abstände zwischen den Wiederholungen des Stoffs größer werden.
- Beteiligen Sie mehrere Eingangskanäle! Sprechen Sie sich die Informationen, die Sie lernen wollen, laut vor, um Ihren auditiven Kanal bei der Informationsverarbeitung zu beteiligen.
  Auch das Aufschreiben bringt einen zusätzlichen Vorteil gegenüber dem bloßen Vorsprechen.
- Variieren Sie bei der Wiederholung die Form und die äußere Situation. Tragen Sie anderen vor, wechseln Sie die Reihenfolge etc.
- Wiederholen Sie vor Ruhephasen, beispielsweise vor dem Schlafengehen. Das Gelernte wird dann nicht von neuen Reizen überlagert und kann ungestört nachverarbeitet werden.

24 Konzentration Zahlen

Im folgenden Feld können Sie die Zahlen von 1-30 finden. Suchen Sie die Zahlen in der richtigen Reihenfolge. Wenn Sie bei 30 angelangt sind, gehen Sie wieder bis zur 1 zurück. Bemühen Sie sich, möglichst schnell zu arbeiten.

Konzentration Doppelbegriffe

Bitte suchen Sie die Begriffe, die doppelt vorhanden sind.

Salatschüssel - Computerprogramm - Vernetzung - Schlüsselbrett - Traumreise - Haushaltshilfe - Verbrechensbekämpfung - Netzstecker - Salatplatte - Programmspeicher - Vernetzung - Brettspiel - Reisebüro - Salatschüssel - Freizeitsport - Verbrechersyndikat - Steckverbindung - Haushaltsplan - Spielbrett - Schlüsselblume - Traumreise - Computerspiel - Verbindung - Freizeitkleidung - Spielbrett

Wortfindung und Kreativität
Buchstabenquadrate

24

Bitte bilden Sie mit den Buchstaben des Quadrates zehn Wörter. Die Wörter sollten mindestens fünf Buchstaben haben. Sie können jeweils ein Kästchen »vorrücken«. Dies kann diagonal, senkrecht und waagerecht in beide Richtungen passieren. Sie können einen Buchstaben auch mehrfach verwenden, müssen aber das entsprechende Kästchen zunächst verlassen haben.

O	R	T	A
E	F	N	H
R	N	E	U
B	M	L	E

Strukturieren
Blöcke bilden

Bitte ordnen Sie nachfolgende Begriffe nach Gemeinsamkeiten. Es können vier Viererpäckchen gebildet werden.

Franzose, Haltestelle, Purzelbaum, Frikadelle, Bilderrahmen, Fräulein, Friede, Hardware, Puderdose, Hampelmann, Bienenwachs, Bistro, Hannover, Biwak, Puma, Puppenhaus

24 Langzeitgedächtnis Speicher ausschöpfen

Der Endbuchstabe eines Lösungswortes ist der Anfangsbuchstabe des folgenden Lösungswortes.

1. Genußmittel ______
2. Diese Brücke hilft beim Merken ______
3. Jüdische Gemahlin des persischen Königs Xerxes, Titel eines Buchs des Alten Testaments ______
4. Sagenhafter Begründer Roms ______
5. Samen, der gemahlen bei der Herstellung von Backwaren verwendet werden kann ______
6. Buschmesser ______
7. Männliche Ente ______
8. Äußerer Maulwinkel von einem bestimmten Haustier ______
9. Erster deutscher Reichspräsident ______
10. Chaos, Durcheinander ______
11. Mit der Lanze bewaffneter Reitersoldat ______
12. Gegenstand von Kunsthandwerk, besonders Figürchen aus Porzellan ______
13. Beim Laufsport die höchste, letzte Anstrengung ______
14. Rüsseltier Südamerikas ______
15. Gebirge Nordafrikas ______
16. Figur beim Bodenturnen ______

Langzeitgedächtnis Bilder 24

Am letzten Tag haben Sie sich 15 Gegenstände eingeprägt. Versuchen Sie bitte, sich an möglichst viele zu erinnern. Vielleicht können Sie sogar noch die vorgegebene Reihenfolge einhalten. Vergleichen Sie dann Ihr Ergebnis mit den Bildern des letzten Tages.

Lösungsvorschläge

Die Begriffe Salatschüssel, Vernetzung, Traumreise und Spielbrett sind doppelt vorhanden.

Feuer, Bühne, Mühle, Nummer, Römer, Lehrer, Referat, Rentner, Treue, fortan, freuen, Tantra, Tartar.

Es können Blöcke nach den Anfangsbuchstaben gebildet werden: Fr-, Ha-, Pu-, Bi-.

1. Kaffee, 2. Eselsbrücke, 3. Esther, 4. Remus, Romulus, 5. Sesam, 6. Machete, 7. Erpel, 8. Lefze, 9. Ebert, 10. Tohuwabohu, 11. Ulan, 12. Nippes, 13. Spurt, 14. Tapir, 15. Rif, 16. Flick-Flack.

25 Konzentration Buchstaben austauschen

Im folgenden Artikel sind die Vokale vertauscht. I = A; O = I; E = O; U=E; A = U.

Kinzontrutain

Dao Fähagkoat, sach ze kinzontraoron ast oano Grendviruessotzeng für geto Godächtnasloastengon. Am boreflachon wao pravuton Ulltug ast daoso Fähagkoat ständag gofirdort. Mesakboraosoleng, ständago Tolofinuto, Entorbrochengon derch Maturboator, Vorkohrslärm esw. stollon ensoro Kinzontrutainsfähagkoat uef oano hurto Pribo. Derch oano Solbstunulyso sillto jodor, dor gluebt, Kinzontrutainspriblomo ze hubon, horuesfandon, wunn end wao or um moaston gostört ward. Daoso Störengsunulyso gabt Unhultspenkto für Mußnuhmon zer Vorbossoreng dor Kinzontrutainsfähagkoat. Dus kunn munchmul oano Emstolleng dor Urboatspluneng soan, dus Oanrachton oanor „stallon Stendo" idor dao Uesoanundorsotzeng mat Ontspunnengs- end Modatutainstochnakon.

Visualisieren Kettenworttechnik

Bitte prägen Sie sich die folgenden 15 Wörter mit der Kettenworttechnik ein:

Glasbläser - Kettenhemd - Waschsalon - Dampfschiff - Lichtschalter - Strumpfband - Blindenhund - Pfadfinder - Moos - Senfgurke - Lautsprecher - Palme - Hahn - Milchflasche - Papierknäuel

Wortfindung und Kreativität Wörter

Bitte benutzen Sie die Konsonanten »R-S-T« als Gerüst, um möglichst viele neue Wörter zu bilden. Sie dürfen nur Vokale ergänzen, keine anderen Konsonanten. Auch die angeführten Konsonanten dürfen nur einmal vorkommen.

Wortfindung und Kreativität Schüttelwörter

Bei dieser Übung sind die Buchstaben des Lösungswortes durcheinandergeraten. Bitte ordnen Sie diese richtig.

1. ralbarod	Halbinsel Nordamerikas
2. noragtes	Küchenkraut
3. ensdru	Religionsgemeinschaft im Nahen Osten
4. knürreng	Dinkel im unreifen Zustand
5. heustorkafr	Erbliches Blutkörperchenmerkmal des Menschen
6. atiglap	Stehlen geistigen Eigentums
7. nanzie	Geschützte Bergblume
8. pilsele	Geometrische Figur
9. dienerdenal	EG - Staat
10. sbaset	Feuerfestes, faseriges Material

25 Kurzzeitgedächtnis Zahlen

Bitte schauen Sie sich die folgenden 12 Zahlen genau an und kreuzen Sie unten die richtige in der Auswahl von vier ähnlichen an.

089/425 3978	4173,95
79347	22519 DM
08761/2 12 93	423 m^2
24,56 DM	3938 kg
101,2 Mhz	593,5 l
82355	718 km

Bitte kreuzen Sie jetzt die korrekte Zahl an.

82553	817 km	423 m^2	25,45 DM
82355	871 km	421 m^2	24,56 DM
83552	781 km	432 m^2	24,65 DM
83255	718 km	422 m^2	56,24 DM
08716/2 12 93	79347	102,1 Mhz	593,40 l
08761/2 12 39	79374	101,2 Mhz	593,51 l
08762/2 12 39	79346	110,2 Mhz	593,5 l
08761/2 12 93	73947	201,1 Mhz	59,35 l
3398 kg	417,395	089/425 3978	22591 DM
3839 kg	4173,95	089/425 9387	25210 DM
3938 kg	4137,95	089/452 3978	22519 DM
39,38 kg	41379,5	089/452 3987	22595 DM

Langzeitgedächtnis
Zusammenführen

25

Bitte schließen Sie aus vier Stichwörtern auf ein bestimmtes Bühnenstück oder einen Buchtitel.

1. Göttliche Eingebung, Hofbräuhaus, Sendbote, Gepäckträger ________________
2. Party, Tigerfell, alte Dame, Butler ________________
3. Wassermann, Drogen, Blumenkinder, Musik ________________
4. Sprachunterricht, Ascot, Professor, Happy End ________________
5. Wette, Weltreise, Indische Prinzessin, Abenteuer ________________

Langzeitgedächtnis
Muster erkennen

Analphabetismus

Weltweit ... mehr als ... Viertel der Weltbevölkerung weder ... ... schreiben. Dabei ... die ... im Vergleich zu den Männern ... . Während ... fünfte ... ... lesen oder ... gelernt hat oder ... ... „funktionalen Analphabeten" zählt, ist es ... jede dritte Frau. Funktionale ... sind Menschen, die Texte nur mühsam ... können. Vielleicht haben sie ... ein Schulzeugnis ... - doch ... können sie es ... nicht. Bereits ... Leseaufgaben ... ihnen ... . Und auch im High Tech - Land Deutschland gibt es... , die ... ... lesen ... schreiben... . Man ... , daß es ... einer halben ... drei ... Menschen in ... sind, die als ... zu ... haben.

25 Lösungsvorschläge

Aster, Star, Steuer, Rast, Rest, Sitar, Sorte, Ster, Store, Stereo, Streu.

1. Labrador, 2. Estragon, 3. Drusen, 4. Grünkern, 5. Rhesusfaktor, 6. Plagiat, 7. Enzian, 8. Ellipse, 9. Niederlande, 10. Asbest.

1. Ein Münchner im Himmel, 2. Dinner for One, 3. Hair, 4. My Fair Lady, 5. In 80 Tagen um die Welt.

Analphabetismus

Weltweit kann mehr als ein Viertel der Weltbevölkerung weder lesen noch schreiben. Dabei sind die Frauen im Vergleich zu den Männern unterprivilegiert. Während jeder fünfte Mann nie lesen oder schreiben gelernt hat oder zu den „funktionalen Analphabeten" zählt, ist es bereits jede dritte Frau. Funktionale Analphabeten sind Menschen, die Texte nur mühsam entziffern können. Vielleicht haben sie sogar ein Schulzeugnis erhalten - doch lesen können sie es häufig nicht. Bereits einfache Leseaufgaben bereiten ihnen Schwierigkeiten. Und auch im High Tech - Land Deutschland gibt es Menschen, die nicht richtig lesen und schreiben können. Man schätzt, daß es zwischen einer halben und drei Millionen Menschen in Deutschland sind, die als Analphabeten zu gelten haben.

Konzentration Begriffe 26

Im folgenden Rechteck sind Begriffe versteckt. Es handelt sich dabei um 15 deutsche Städte. Die Worte sind senkrecht, waagerecht und diagonal in beide Richtungen geschrieben. Umlaute sind ausgeschrieben (ä=ae, ö=oe, ü=ue).

T	E	N	O	A	I	F	W	U	L	M	S
R	Z	N	K	T	O	M	I	L	G	A	E
C	H	E	B	R	E	M	E	D	A	I	N
T	B	E	R	L	I	N	S	R	E	N	C
N	D	B	E	E	T	K	B	I	S	Z	K
G	E	F	M	R	R	R	A	I	F	V	E
F	S	T	E	K	U	C	D	S	E	T	R
N	T	S	N	E	F	S	E	H	S	E	A
D	E	L	C	I	K	C	N	H	D	E	A
B	R	K	E	U	N	D	H	E	S	D	L
I	E	M	E	G	A	G	T	A	E	N	T
N	V	D	U	T	R	E	D	W	O	E	R
C	O	N	S	U	F	U	I	S	T	H	E
T	N	U	B	G	L	A	B	I	N	C	D
S	M	N	C	R	E	A	E	S	A	N	W
E	A	T	E	H	I	N	D	L	G	E	I
H	H	R	C	U	K	C	E	B	E	U	L
N	E	O	H	D	A	O	A	N	B	M	A
K	R	D	T	I	G	N	E	I	D	R	F

26 Konzentration Ziffern vergleichen

Streichen Sie bitte in der zweiten Reihe die Zahlen aus, die nicht mit denen der ersten Reihe identisch sind. Versuchen Sie die Zahlengruppen mit einem Blick zu erfassen und kontrollieren Sie nachher langsam Ihr Ergebnis.

1758	3452	6578	1347	8645	8790	3479	2341	6789
1785	3552	6598	1374	8945	8790	4379	2342	7698
6491	3763	6639	1963	2254	1984	1331	4790	4343
6491	3673	6689	1962	2245	1987	1313	4709	3434

Wortfindung und Kreativität Brückenwörter

Bitte suchen Sie das Wort, das mit beiden Wörtern einer Reihe eine sinnvolle Verbindung eingeht. Das neue Wort soll an das erste Wort der Reihe angehängt werden und beim zweiten Wort der Reihe den Anfang bilden.

1. Wand ______________________ Galerie
2. Tier ______________________ Wall
3. Gast ______________________ Siedlung
4. Kultur ______________________ Rock
5. Glieder ______________________ Uhr
6. Kaffee ______________________ Teil
7. Blatt ______________________ Gericht
8. Bahn ______________________ Narr
9. Programm ______________________ Klammer
10. Not ______________________ Bericht

Strukturieren Blöcke bilden 26

Von den untenstehenden 12 Begriffen können Sie drei Päckchen machen, die Gemeinsamkeiten aufweisen.

Baum, Rose, Werkschutz, Halskette, Handtasche, Wien, Wörterbuch, Kamin, Fritz, Banknote, Quark, Duden.

26 Langzeitgedächtnis Speicher ausschöpfen

Der Endbuchstabe eines Lösungswortes ist der Anfangsbuchstabe des darauffolgenden.

1. Wasser mit geringem Gehalt an Natrium und Magnesiumsalzen ______
2. Begrenzt Bilder und Handlungen ______
3. Solche auf dem Markt entdecken Unternehmer gern (Mehrzahl) ______
4. Berühmt durch Sprengstoff und Stiftungen ______
5. Nachname des österreichischen Filmregisseurs (Metropolis, »M«) ______
6. Ihm setzte Klaus Mann ein nicht wohlgesonnenes Denkmal ______
7. Heilpflanze, unter anderem als antiseptisches Mundwasser ______
8. Schließen vom einzelnen auf das Allgemeine ______
9. Königreich auf der Südseite des Himalaya, zwischen Tibet und Indien ______
10. Sprachlehrer des letzten Jahrhunderts; die nach ihm benannten Wörterbücher wurden zur Grundlage eines Verlages ______
11. Öliges Fett von Fischen oder Meeressäugetieren ______
12. Bleibt nach einer tiefen Wunde über ______
13. Großes Tier mit bekannt gutem Gedächtnis ______
14. Bei vielen Ballsportarten angestrebtes Ziel
15. Getreideart Asiens ______

Lösungsvorschläge

26

							W	U	L	M	S
							I			A	
			B				E		A	I	
	B	E	R	L	I	N	S	R		N	
			E		T	K	B			Z	
			M		R	R	A				
			E		U		D	S			
			N	E	F		E		S		
			L		K		N			E	
	R	K			N						L
	E			G	A	G				N	
N	V	D			R					E	
	O	N		U	F	U				H	
	N	U	B		L		B			C	
	N	M			E			S		N	
	A	T			I				G	E	
H	H	R			K	C	E	B	E	U	L
		O								M	A
		D									

1. Gemälde, 2. Schutz, 3. Arbeiter, 4. Träger, 5. Armband, 6. Satz, 7. Spinat, 8. Hof, 9. Heft, 10. Lage.

Es sind je vier einsilbige, zweisilbige und dreisilbige Wörter.

1. Süßwasser, 2. Rahmen, 3. Nischen, 4. Nobel, 5. Lang, 6. Gründgens, 7. Salbei, 8. Induktion, 9. Nepal, 10. Langenscheidt, 11. Tran, 12. Narbe, 13. Elefant, 14. Tor, 15. Reis.

27 Konzentration Tagesablauf

Bitte versuchen Sie, den Tagesablauf Ihres gestrigen Tages stundenweise zu rekonstruieren, ohne Ihren Terminkalender zu Rate zu ziehen.

8.00 Uhr
9.00 Uhr
10.00 Uhr
11.00 Uhr
12.00 Uhr
13.00 Uhr
14.00 Uhr
15.00 Uhr
16.00 Uhr
17.00 Uhr
18.00 Uhr
19.00 Uhr
20.00 Uhr
21.00 Uhr
22.00 Uhr

Konzentration Ziffern

Markieren Sie bitte alle Zahlen, die ausschließlich aus geraden Ziffern bestehen.

2112	3442	3643	7689	9134	8264	8245	1723	6137	7189	3145
3114	5899	2567	3145	2687	1698	3156	1768	1543	2117	8914
3189	4267	1892	1748	1843	1553	2442	1678	1736	1539	1892
1637	1869	1434	1242	1231	6785	4648	1647	2678	8769	3737
2768	3456	1986	7584	1537	2514	4286	9186	7498	2642	1735
2613	1546	3212	1234	6758	4398	2645	3452	4626	1986	1536
2546	1746	3756	2958	3756	2645	2895	1746	4688	2652	1987
2442	1516	5874	4773	2867	9413	1857	3875	2756	3983	2898
7172	6584	3987	2446	3758	2989	1985	3628	1743	2986	4268
2718	1385	4867	4646	3982	5629	1654	5692	1658	2985	3768

Visualisieren Loci-Technik 27

Legen Sie zehn Orte fest, zum Beispiel solche, die auf Ihrem Weg zur Arbeit liegen. Wenn die Reihenfolge der zehn Orte in Ihrem Gedächtnis fest verankert ist, verknüpfen Sie die folgenden zehn Begriffe jeweils mit einem Ihrer Orte.

Messestand - Flugzeug - Klappmesser - Lendensteak - Parkbank - Pantoffel - Diplomatenkoffer - Steinpilz - Schneemann - Leiter

Wortfindung und Kreativität Wörter

Bitte benutzen Sie die Buchstaben des Wortes *Standbild* , um mindestens zehn neue Wörter zu bilden, z.B. Band, usw.

27 Wortfindung und Kreativität
Sinnvolle Verbindungen

Gesucht wird ein Wort, das mit vier Wörtern eine sinnvolle Verbindung eingeht. Das gesuchte Wort bildet den Anfang.
Beispiel: Strahl - Brand - Licht - Finsternis. Das gesuchte Wort ist »Sonne«.

1. Hörer	Gespräch	Leitung	Notiz	____________
2. Meister	Kästchen	Suche	Insel	____________
3. Matte	Baum	Reifen	Bär	____________
4. Karte	Ratte	Pomeranze	Jäger	____________
5. Miete	Wunde	Konzert	Regen	____________
6. Wasser	Mündung	Muschel	Krebs	____________
7. Wahn	Kampf	Theorie	Haß	____________
8. Zucker	Brei	Kraut	Ernte	____________
9. Spende	Übertragung	Bank	Verpflanzung	____________
10. Strahl	Signal	Spiel	Kege	____________

Strukturieren
Blöcke bilden

Bitte ordnen Sie nachfolgende Begriffe nach Gemeinsamkeiten. Achtung! Kriterium einer Gemeinsamkeit kann auch etwas ganz Formales sein.

Tisch, Koffer, Blume, Zeitung, Kind, Kleid, Wagen, Pfahl, Schuhe, Platte, Fest, Gehör

____

____

____

Langzeitgedächtnis Speicher ausschöpfen 27

Der Endbuchstabe eines Lösungswortes ist der Anfangsbuchstabe des folgenden Lösungswortes.

1. Er galt als elegantester Show-Tänzer (Nachname) ____________
2. Amerikanische Bezeichnung für Unterhalter ____________
3. Andere Bezeichnung für Krach, Lärm ____________
4. Bezeichnung für die britische Flagge ____________
5. Armbrustartige Wurfmaschine ____________
6. Das sollte man beim Abwarten trinken(!!) ____________
7. Keimling eines Lebewesens ____________
8. Frucht des Ölbaums ____________
9. Gebietsteil eines Staates, der innerhalb eines anderen Staates eingeschlossen ist ____________
10. Vater-Sohn Drama in Gedichtform von Goethe ____________
11. Erdkugel ____________
12. Landschaft im Nahen Osten ____________
13. Amerikanische Ureinwohner ____________
14. Ägyptischer Sonnengott ____________

Lösungsvorschläge

Tand, Band, Land, blind, lind, Lisa, Ast, Bast, Last, List, Sand.

1. Telefon, 2. Schatz, 3. Gummi, 4. Land, 5. Platz, 6. Fluß, 7. Rassen, 8. Rüben, 9. Organ, 10. Licht.

Blöcke bilden nach dem Geschlecht: der, die, das.

1. Astaire, 2. Entertainer, 3. Radau, 4. Union Jack, 5. Katapult, 6. Tee, 7. Embryo, 8. Olive, 9. Enklave, 10. Erlkönig, 11. Globus, 12. Sinai, 13. Indianer, 14. Ra.

28 Konzentration Zahlen

Im folgenden Zahlenfeld finden Sie alle Zahlen von 1 bis 25. Jede Zahl ist zweifach vorhanden. Suchen Sie bitte alle Zahlen beginnend mit der 1 bis 25 und gehen Sie dann wieder bis zur 1 zurück.

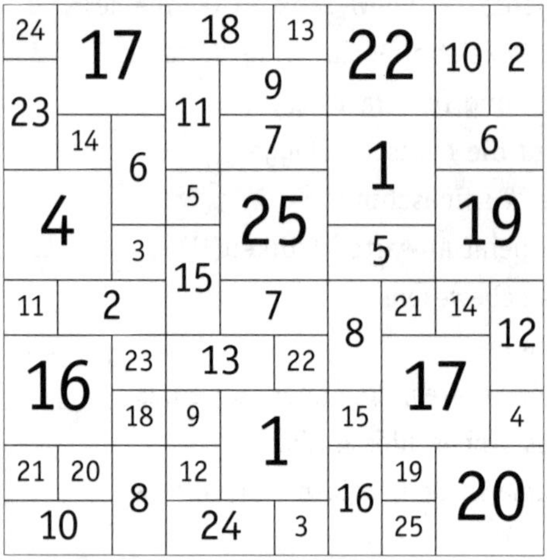

Konzentration Buchstaben ausstreichen

Streichen Sie bitte im folgenden Text alle „i" und alle „o" an. Es sind insgesamt 50 „i" und „o".

Wiedergeburt des Briefeschreibens?
Wenn das Telefon als der Totengräber des Briefeschreibens bezeichnet werden kann, läuten die Datenautobahnen vielleicht die Wiedergeburt dieser Kultur ein. Wieviel leichter ist es auch, statt zu schreiben, einzutüten, Briefmarken zu erstehen und den Brief zur Post zu bringen, seinen elektronischen Brief via Datenautobahn auf die - vielleicht weltweite - Reise zu schicken. Was man dazu braucht? „Nur" einen Computer, ein Modem, ein wenig Software und einen Anschluß an ein weltweit operierendes Netz.

Wortfindung und Kreativität
Wortanfänge

28

Bitte finden Sie mindestens zehn Wörter, die mit K anfangen und mit T enden.

1. K	______________________T	6. K	______________________T
2. K	______________________T	7. K	______________________T
3. K	______________________T	8. K	______________________T
4. K	______________________T	9. K	______________________T
5. K	______________________T	10. K	______________________T

Wortfindung und Kreativität
Buchstabenquadrate

Bitte bilden Sie mit den Buchstaben des Quadrates zehn Wörter. Die Wörter sollten mindestens fünf Buchstaben haben. Sie können jeweils ein Kästchen »vorrücken«. Dies kann diagonal, senkrecht und waagerecht in beide Richtungen passieren. Sie können einen Buchstaben auch mehrfach verwenden, müssen aber das entsprechende Kästchen zunächst verlassen haben.

M	O	R	E
E	H	N	I
E	R	K	A
S	I	E	L

28 Kurzzeitgedächtnis Informationen aufnehmen und wiedergeben

Vier-Zimmer-Altbauwohnung, Bestlage München, 120 m^2, 3. OG., Lift, Garagenplatz, Einbauküche, großes Bad, 1.800 DM kalt.

Stuttgarter Innenstadt, 3 Zimmer Maisonette Whg, ca. 76 m^2 mit Erker, ohne Balkon, BAD/WC mit Fenster, Gäste-WC, Einbauschrank im Flur, Garagenstellplatz, frei ab 1.12., 1.500 DM kalt, Kaution zwei Monatsmieten.

Traumlage am Tegernsee, unverbauter See- und Bergblick, Neubau mit 6 Wohneinheiten, 120 m^2 Wohnfläche, 852.000 DM plus Garage, Verkauf direkt vom Bauherrn.

1 Zimmer-Appartement, 38 m^2, 1. OG, großer Balkon, kleine Anlage, 700 DM plus Nebenkosten.

Schallgedämmter Raum für Musiker, S-Bahn-Nähe, 35 m^2, WC und Waschgelegenheit, beheizbar, 450 DM plus Nebenkosten.

Panoramablick über München, Olympiadorf, Großzügig geschnittene $2^1/_2$ Zimmer-Wohnung mit raumhohen Fenstern und tiefen Loggien nach Süden und Westen, Wohnfläche etwa 112 m^2, komplette Einbauküche, hochwertige Ausstattung, Fußbodenheizung, 6 Monate nach Kauf beziehbar. Incl. Stellplatz 480.000 DM.

Toskana/Florenz, Bezugsfertige Villa mit einem Zypressen- und Olivenhügel in unmittelbarer Nähe von Florenz. Einmaliger Blick auf die ganze Stadt. 360 m^2 Wohn- und Nutzfläche auf drei Etagen, Wintergarten/Veranda, 1,6 Mio DM von Privat.

Wieviel m^2 hat die Vier-Zimmer-Wohnung in München?
Wieviel WCs hat die Stuttgarter Maisonette-Wohnung?
Was kostet die Neubauwohnung am Tegernsee?
In welchem Stock liegt das 1-Zi-Appartement und wieviel kostet es?
Wie groß ist der Raum für Musiker?
Was für einen Blick hat man bei der 2 $^1/_2$ Zimmer-Wohnung im Olympiadorf?
Welche Pflanzen wachsen auf dem Hügel, auf dem die toskanische Villa liegt?

Langzeitgedächtnis Muster erkennen 28

Bitte ergänzen Sie die Lücken des folgenden Textes.

„Sensationelles" . . . Gedächtnisforscher der . . . Koblenz-Landau heraus: Männer wie . . . können . . . Witze behalten . . . haben Frauen im . . . von Geburtstags- oder . . . , . . . hingegen im . . . des geparkten . . . . Aus der . . . von 600 . . . aller Alters- und Berufsgruppen . . . die Koblenzer . . . , daß Frauen besseres . . . haben als . . . , wenn . . . Situationen . . . , die soziale . . . haben. Das männliche . . . funktioniert . . . besser im Beruf und in der . . . Orientierung. . . . Die Wissenschaftler ziehen daraus . . . : „Der . . . merkt sich vor . . . das, was . . . wichtig ist." Die Gedächtnisprobleme älterer . . . sind nach . . . Forscher hausgemacht: die Merkfähigkeit lasse . . . nach, wenn vereinzelte . . . mit . . . Gedächtnis, . . . altersunabhängig . . . , als . . . höheren Alters . . . werden.

Lösungsvorschläge

Katapult, Kant, Kot, Katarakt, Kandidat, Kent, Kredit, Karat, Kulturreferent, Kraftakt.

Serie, Onkel, Homer, Leier, Römer, Seereise, leise, Kairo, Möhren, Irene, Enkel.

„Sensationelles" *fanden* Gedächtnisforscher der *Universität* Koblenz-Landau heraus: Männer wie *Frauen* können *schlecht* Witze behalten. *Stärken* haben Frauen im Merken von Geburtstags- oder *Hochzeitstagen, Männer* hingegen im *Wiederfinden* des geparkten *Autos.*
Aus der Befragung von 600 T*estpersonen* aller Alters- und Berufsgruppen *schlossen* die Koblenzer *Forscher,* daß Frauen ein besseres *Gedächtnis* haben als *Männer,* wenn *es um* Situationen *geht,* die soziale *Bedeutung* haben. Das männliche *Gedächtnis* funktioniert *dagegen* besser im Beruf und in der *räumlichen* Orientierung. *Die* Wissenschaftler ziehen daraus den *Schluß*: „Der *Mensch* merkt sich vor *allem* das, was *ihm* wichtig ist."
Die Gedächtnisprobleme älterer *Menschen* sind nach *Ansicht der* Forscher hausgemacht: die Merkfähigkeit lasse *stärker* nach, wenn vereinzelte *Probleme* mit *dem* Gedächtnis, *die* altersunabhängig *sind,* als *Folge* höheren Alters *erklärt* werden.

Tips + Anregungen
Denkblockaden

Denkblockaden äußern sich derart, daß Informationen, die man hundertprozentig zu wissen glaubte, plötzlich wie weggeblasen sind. Selbst angestrengtes Grübeln führt uns nicht auf die Fährte. Das einzige, was man in solch einer Situation noch weiß, ist, daß man die gefragte Information einmal gewußt hat. Verantwortlich dafür ist der , der bei verschiedenen Gelegenheiten zu Denkblockaden führen kann. Klassische Stressituationen sind

- Prüfungen,
- Überraschungssituationen,
- Konfrontationen mit Autoritäten (z.B. Vorgesetzten),
- Situationen in denen man etwas besonders gut machen möchte,
- Reden vor einer größeren Personenzahl.1 Lexika/Konz/Gedaech8 es 6.8.90Blatt 73

Die Stress-Reaktion, die zu einem momentanen scheinbaren Vergessen auch tief verankerten Wissens führt, ist bei allen Menschen gleichermaßen vorhanden. Sie ist eine biochemische Reaktion, die zu unserer genetischen Grundausstattung gehört und unseren Vorfahren zu einer sofortigen Mobilisierung von Energien in Gefahrensituationen verholfen hat. Flüchten oder Kämpfen war die Devise - eine einfache Maxime, die unserer komplexen Lebenssituation längst nicht mehr angemessen ist. Wenn auch die grundsätzliche Reaktion bei allen Menschen die gleiche ist, so unterscheiden sich doch die Stärke der Reaktion und die Anlässe. Was bei dem einen Menschen schon Gefahr signalisiert und damit den biochemischen Prozeß auslöst, wird von einem anderen noch lange nicht als solche erkannt. Daraus erklären sich die völlig unterschiedlichen Prüfungsleistungen von Prüflingen, die gleich viel gelernt hatten und in etwa gleich begabt waren. Die Denkblockade tritt um so sicherer ein, je mehr negative Erfahrungen mit ähnlichen Situationen bereits gemacht wurden.

Die wichtigste Maßnahme, um hier abzuhelfen, ist die Angst vor dem Versagen abzubauen. Das ist sicher ein langwieriger Prozeß, der weit in den psychologischen Bereich hineinreicht. Kurzfristigere Maßnahmen sind, Entspannungs- und Meditationstechniken wie etwa autogenes Training einzuüben, die Anspannungen innerhalb kürzester Zeit reduzieren können und so die Voraussetzung für ein unverkrampftes, blockadefreies Denken liefern. Auch die geistige oder faktische Simulation derartiger Blockadesituationen kann viel von der Spannung der Ungewißheit und der Angst nehmen. Dabei geht es darum, beispielsweise Prüfungssituationen durchzuspielen* mithilfe von Freunden und Bekannten oder sich etwa auf ein Gespräch mit seinem Vorgesetzten nicht nur sachlich vorzubereiten, sondern auch die möglichen gefühlsmäßigen Reaktionen geistig vorwegzunehmen. Schließlich bleiben aber, auch wenn alle durch Angst entstandenen Blockaden wegfallen, die übrig, die durch Überraschung entstehen. Gemeint sind all die Fälle, in denen man zusammenhanglos plötzlich nach einer Detailinformation gefragt wird. Die eigene Schlagfertigkeit - also das schnelle, unvorbereitete Abrufen von Informationen aus dem Gedächtnis - ist trainierbar, am besten natürlich in Zusammenarbeit mit anderen. Aber auch Übungen, die in unserem Trainingsprogramm unter der Rubrik Wortfindung und Kreativität zusammengefaßt sind, verstärken die Schlagfertigkeit, indem sie unter anderem unseren aktiven Wortschatz trainieren.

* s. H.-J. Weiß: Prüfungsanst, wie entsteht sie? Was richtet sie an? Wie begegne ich ihr? München, 1989

29 Konzentration Geometrische Figuren

Bitte zählen Sie, wieviele Quadrate im abgebildeten Feld zu sehen sind.

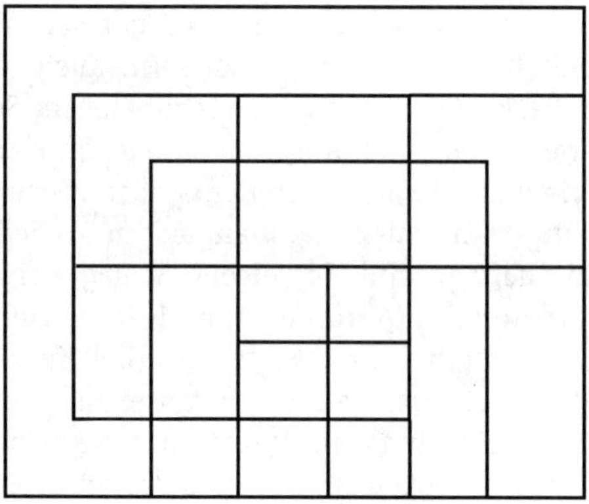

Konzentration Zeichen vergleichen

Streichen Sie bitte in der zweiten Reihe die Zeichen aus, die sich von der ersten Reihe unterscheiden.

```
$ „ § ö ö   ö % ä l   ! ? * 7   ‘ l § %   ? = ü ä   + ? U ö
$ ‘ $ /     l % ü l   ? ! + 7   ‘ ö § %   ? = ä ü   “ ß l ö

§ § & ;     ? ü ö ä   % U l 7   + * § ö   ! “ ) ü   * / ( ä
§ § &;      ? ü / +   % U l 7   = & § l   ! “ ) ü   * / Ä ü
```

Visualisieren 29
Loci-Technik

Erweitern Sie die Reihe Ihrer Orte auf 15 (vgl. Übung 27. Tag), um sich mit der Loci-Technik die folgenden 15 Begriffe einzuprägen.

Säuglingsflasche - Dusche - Geldschein - Briefkasten - Zigarette - Hubschrauber - Fernbedienung - Kaktus - Hirschhornknopf - Wimpern - Gabelstapler - Reißverschluß - Strafzettel - Hustenbonbon - Fachwerkhaus

Wortfindung und Kreativität
Wortendungen

Finden Sie bitte mindestens zehn Wörter, die auf »...rbe« enden.

1.	________________rbe	6.	________________rbe
2.	________________rbe	7.	________________rbe
3.	________________rbe	8.	________________rbe
4.	________________rbe	9.	________________rbe
5.	________________rbe	10.	________________rbe

29 Wortfindung und Kreativität
Tätigkeitswörter

Bitte suchen Sie ein Tätigkeitswort, das jeweils zu den vier Begriffen paßt. Ein Beispiel: Pelz, Schmuck, Korb, Last. Dazu paßt *tragen*.

1. Auto	Geschirr	Geld	Kinder	________
2. Unterlagen	Rechnungen	Schüler	Qualität	
3. Organe	Haut	Bäume	Niere	________
4. Glück	Partner	Stellung	Heim	________
5. Partner	Rechnung	Adresse	Buch	________

Strukturieren
Texte

Bitte stellen Sie die Gliederung des folgenden Textes grafisch dar.

Unter Kommunikation versteht man idealtypisch die Übermittlung von Information zwischen einem Sender und einem Empfänger. Die Information kann verbal oder nonverbal erfolgen. Verbale Kommunikation - Kommunikation mit Worten - kann sowohl direkt mündlich sein oder auch schriftlich. Nonverbale Kommunikation bedeutet, sich durch Mimik und Gestik mitzuteilen. Die Verständigung durch Bild- (Flaggen, Piktogramme) und Tonzeichen (Hupen, Sirenen) kann man sowohl in die eine als auch in die andere Kategorie einordnen. Von der Form der Kommunikation her ist sie nonverbal, weil sie sich keiner Worte bedient, vom Inhalt her handelt es sich um verbale Kommunikation, sofern sich die Zeichen auf Worte beziehen.

Kurzzeitgedächtnis Informationen aufnehmen und wiedergeben

29

Bitte lesen Sie aufmerksam die Beschreibungen der sechs Personen. Decken Sie dann den Text ab und beantworten Sie die untenstehenden Fragen.

Erwin Köhler, 33 Jahre alt, rote Haare, Raucher, hat nach dem Abitur eine Lehre als Bankkaufmann gemacht und arbeitet seit seiner Abschlußprüfung in der Devisenabteilung einer großen deutschen Bank.

Fritz Rose, 35 Jahre alt, seit 5 Jahren Nichtraucher, leichter Bauchansatz, leidet zur Zeit an einer Sportverletzung, ist in der Erwachsenenbildung tätig.

Ursula Neumann, 46 Jahre alt, im heutigen Kaliningrad geboren und in Schwaben aufgewachsen, hat nach einer Bürolehre die Mittlere Reife und das Abitur nachgeholt.

Günter Rosenberg, 65 Jahre, pensionierter Bahnbeamter, begeisterter Hobbyangler, fährt jedes Jahr zum Überwintern nach Mallorca.

Ali Günez, 53 Jahre, arbeitet 25 Jahre in der BRD, er hat 2 Kinder, die beide das Gymnasium besuchen. Er träumt davon, sich ein kleines Hotel an der türkischen Riviera zu kaufen.

Samantha Schmitt, 83 Jahre, lebt seit dem Tode ihres Mannes vor 10 Jahren in einer Altenwohnanlage. Sie geht einmal die Woche ins Schwimmbad und freut sich über die regelmäßigen Besuche ihrer Enkel.

Wie alt ist der rothaarige Raucher?
Wie heißt die Person, die in Kaliningrad geboren ist?
Wie lange raucht Fritz Rose nicht mehr?
Wovon träumt Ali Günez?
Welchen Beruf übte der Hobbyangler aus?
Worüber freut sich Samantha Schmitt?

29 Langzeitgedächtnis Speicher ausschöpfen

Bitte ordnen Sie jedem Künstler das zu ihm gehörende Werk zu.

Pablo Picasso
Andy Warhol
Edvard Munch
Leonardo da Vinci
Rembrandt
Henry Moore
Salvatore Dali
Auguste Rodin
Pieter Brueghel d.Ä.

Bikini
Mona Lisa
Das Schlaraffenland
Die Liegende
Guernica
Der Denker
Marylin Monroe
Der Schrei
Mann mit dem Goldhelm

Lösungsvorschläge

Es sind 24 Quadrate.

Scherbe, Narbe, Garbe, Serbe, Farbe, Körbe, Kerbe, Barbe, Sorbe, Erbe, Gewerbe.

1. waschen, 2. prüfen, 3. verpflanzen, 4. suchen, finden, 5. schreiben.

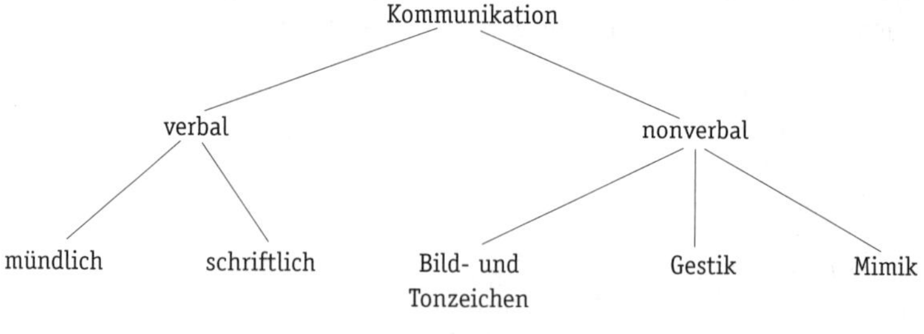

Pablo Picasso - Guernica/ Andy Warhol - Marilyn Monroe/ Edvard Munch - Der Schrei/ Leonardo da Vinci - Mona Lisa/ Rembrandt - Mann mit dem Goldhelm/ Henry Moore - Die Liegende/ Salvatore Dali - Bikini/ Auguste Rodin - Der Denker/ Pieter Brueghel d.Ä. - Das Schlaraffenland.

Konzentration Buchstaben ausstreichen | 30

Streichen Sie bitte im folgenden Text alle „e" und alle „a" an. Es sind insgesamt 83"e" und 26 „a".

Brainstorming
Der „Klassiker" unter den Kreativitätstechniken ist zweifellos das „brainstorming". Wenn man den Begriff ins Deutsche übersetzen wollte, käme so etwas wie „Gehirn stürmen" heraus. Ziel eines Brainstorming ist es, in einer Gruppe in kürzester Zeit möglichst viele Ideen zu einem Thema zu produzieren. Wichtig für ein erfolgreiches Brainstorming ist, daß einige wenige Regeln eingehalten werden. Die wichtigste davon ist, daß alle Ideen erlaubt sind und nicht bewertet werden dürfen, damit der Ideenfluß nicht blockiert wird. Deshalb sind auch Killerphrasen wie „Das geht doch nicht..." oder „Das haben wir noch nie so gemacht..." völlig tabu.

Visualisieren Texte darstellen

Bitte lesen Sie den nachfolgenden Text genau durch und versuchen Sie, den Inhalt zeichnerisch darzustellen.

Immer weniger kann man sich darauf verlassen, daß einmal erworbenes Wissen ausreicht, um beruflich erfolgreich zu sein. Das gesamte Wissen der Menschheit nimmt immer mehr zu. Wissenschaftler haben herausgefunden, daß sich das Wissen in immer kürzeren Zeiträumen verdoppelt: Dauerte es von 1800 bis 1900 noch 100 Jahre, brauchte es dann nur noch 50 Jahre von 1900 bis 1950, bis die nächste Verdoppelung beendet war. Bis 1960 hatte sich das Wissen ebenso verdoppelt wie in dem Zeitraum von 1960 bis 1966. Ab diesem Zeitpunkt erfolgt eine Verdoppelung im Abstand von fünf Jahren.

30 Wortfindung und Kreativität Wortendungen

Suchen Sie mindestens zehn Wörter, die auf »....in« enden.

1. ______________________in
2. ______________________in
3. ______________________in
4. ______________________in
5. ______________________in
6. ______________________in
7. ______________________in
8. ______________________in
9. ______________________in
10. ______________________in

Wortfindung und Kreativität Eigenschaftswörter

Bitte suchen Sie ein Eigenschaftswort, das zu den vier Begriffen paßt.
Ein Beispiel: Schale, Fell, Stimme, Wind; das Lösungswort ist *rauh*.

1. Kern	Wasser	Stoff	Haare	____________
2. Trick	Zauber	Ausrede	Frucht	____________
3. Hund	Wiese	Kleid	Vogel	____________
4. Sack	Wetter	Straße	Handtuch	____________
5. Freitag	Messe	Peter	Rabe	____________

Strukturieren Texte 30

Bitte stellen Sie die Gliederung des folgenden Textes grafisch dar.

Betriebsklima

Unter dem Betriebsklima versteht man die innerbetriebliche Stimmung, die Einstellungen der Mitarbeiter zum Unternehmen und zu Unternehmenszielen, zu den Vorgesetzten und die Art und Weise, wie Mitarbeiter miteinander kommunizieren.

Das Betriebsklima wird unter anderem beeinflußt durch den Führungsstil der Vorgesetzten, die Arbeitsbedingungen, die Aufstiegs- und Fortbildungsmöglichkeiten, die Entlohnung und die Möglichkeiten, sich mit seiner Arbeit und dem Betrieb zu identifizieren.

Ein gutes Betriebsklima wirkt sich positiv auf die Leistung der Mitarbeiter aus. Ein hoher Krankenstand, häufige Unpünktlichkeit, große Fluktuation der Mitarbeiter, hohe Produktion von Ausschuß weisen neben anderen Symptomen auf ein schlechtes Betriebsklima hin.

Maßnahmen, das Betriebsklima zu verbessern gibt es viele. Im Vordergrund steht dabei die Motivation zur Leistung und die Anerkennung der Leistung u.a. durch die entsprechende Entlohnung sowie die Durchsetzung eines kooperativen Führungsstils.

Im einzelnen kann das bedeuten, regelmäßig Mitarbeitergespräche zu führen, ambitionierte Mitarbeiter nicht nur leistungsgerecht zu entlohnen, sondern ihnen Aufstiegsmöglichkeiten zu bieten. Der Ausbau des betrieblichen Vorschlagswesens kann zur Identifikation mit dem Unternehmen beitragen und zum Mitdenken anreizen.

Freiwillige Sozialleistungen, eine gut funktionierende Kantine und ein betriebliches Sozialleben (Betriebssport, Betriebsfeiern) leisten ebenfalls einen Beitrag zur Verbesserung des Betriebsklimas.

30 Langzeitgedächtnis Informationen wiedergeben

Versuchen Sie sich bitte an die Personenbeschreibung des letzten Tages zu erinnern. Bitte notieren Sie zu den einzelnen Personen, welche Eigenschaften Ihnen noch im Gedächtnis sind und vergleichen Sie Ihr Ergebnis mit den Beschreibungen.

Erwin Köhler
Fritz Rose
Ursula Neumann
Günter Rosenberg
Ali Günez
Samantha Schmitt

Langzeitgedächtnis Speicher ausschöpfen

Bitte ordnen Sie den Schriftstellern die richtigen Werke zu.

Simone de Beauvoir	Der alte Mann und das Meer
Heinrich Böll	Hundejahre
Umberto Eco	Sonnenfinsternis
Gabriel Garcia Marquez	Die Mandarins von Paris
Arthur Koestler	Der Name der Rose
Ernest Hemingway	Publikumsbeschimpfung
Orlanda Fallaci	Die verlorene Ehre der Katharina Blum
Günther Grass	Das siebte Kreuz
Peter Handke	Briefe an ein ungeborenes Kind
Anna Seghers	100 Jahre Einsamkeit

30

Lösungsmöglichkeiten

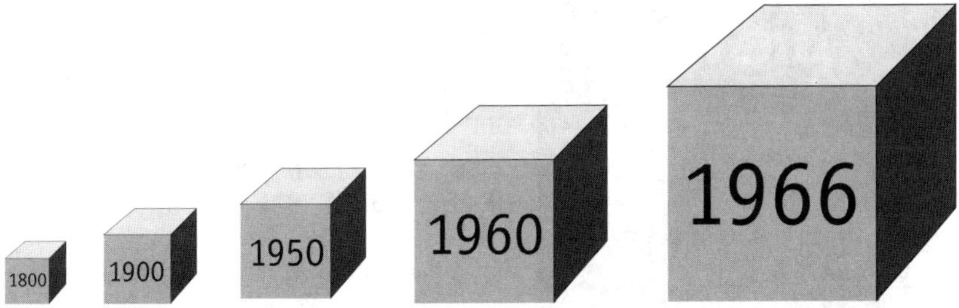

Kamin, Terpentin, Mandarin, Kokain, Hermelin, Stein, Rain, Nikotin, Berlin, Rednerin.

1. weich, 2. faul, 3. bunt, 4. naß, 5. schwarz.

Lösungsvorschlag Strukturieren Texte:

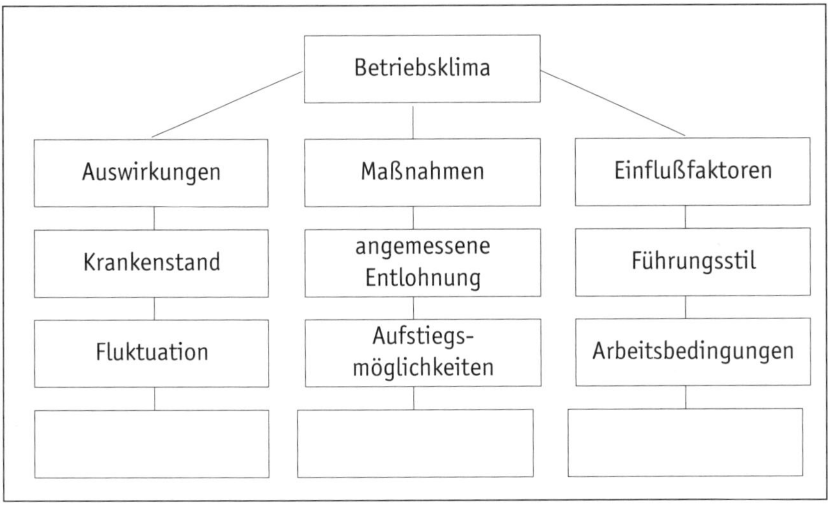

Simone de Beauvoir - Die Mandarins von Paris/ Heinrich Böll - Die verlorene Ehre der Katharina Blum/ Umberto Eco - Der Name der Rose/ Gabriel Garcia Marquez - 100 Jahre Einsamkeit/ Arthur Koestler - Sonnenfinsternis/ Ernest Hemingway - Der alte Mann und das Meer/ Orlanda Fallaci - Briefe an ein ungeborenes Kind/ Günter Grass - Hundejahre/ Peter Handke - Publikumsbeschimpfung/ Anna Seghers - Das siebte Kreuz.